과학사를 알면 과학이 재밌어!
❷ 실험과 증명

1판 1쇄 발행 2025년 9월 19일 | 1판 2쇄 발행 2025년 12월 15일

글 김성화 권수진 | 그림 조승연 | 발행처 와이즈만 BOOKs | 발행인 염만숙
출판사업본부장 김현정 | 편집 김예지 양다우 이지웅
기획·책임편집 임형진 | 디자인 권석연 | 마케팅 강윤현 장하라

출판등록 1998년 7월 23일 제1998-000170 | 제조국 대한민국
주소 서울특별시 서초구 남부순환로 2219 나노빌딩 5층
전화 마케팅 02-2033-8987 편집 02-2033-8983 | 팩스 02-3474-1411
전자우편 books@askwhy.co.kr | 홈페이지 mindalive.co.kr | 사용연령 8세 이상
ISBN 979-11-92936-65-9 74400 979-11-92936-63-5(세트)

ⓒ 2025, 김성화 권수진 조승연 임형진
이 책의 저작권은 김성화, 권수진, 조승연, 임형진에게 있습니다.
저자와 출판사의 허락 없이 내용의 일부를 인용하거나 발췌하는 것을 금합니다.
잘못된 책은 구입서에서 바꿔 드립니다.

와이즈만 BOOKs는 ㈜창의와탐구의 출판 브랜드입니다.
KC마크는 이 제품이 공통안전기준에 적합하였음을 의미합니다.

김성화·권수진 글 × 조승연 그림

② 실험과 증명

1600년-1799년

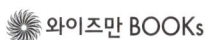

와이즈만 BOOKs

1600년부터

01 갈릴레오의 허접하고 위대한
　　 널빤지 실험 ___007

02 공기가 온 세상을 누르고 있다! ___028

03 괴팍하고 고독한
　　 뉴턴의 만유인력 ___044

04 의심하는 화학자 ___064

05 보이지 않는 기체를
　　 어떻게 발견했을까? ___084

06 불이 타오르는 비밀을 밝히다 ___101

1799년까지

- **07** 피가 온몸을 돌고 돈다고? ___120
- **08** 세포를 발견한 로버트 훅 ___136
- **09** 현미경 속에 우주가 펑! ___148
- **10** 미미한 인간이 거대하고 오래된 지구를 탐구하다 ___158
- **11** 지구의 무게를 재는 실험 ___179
- **12** 꼭꼭 숨어 있던 전기를 '발견'하다! ___195

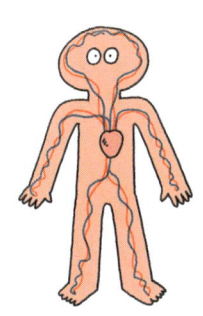

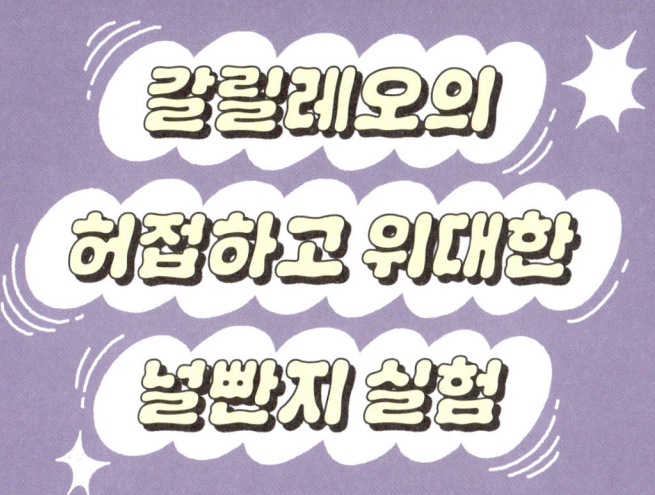

데구루루 데구루루!

구슬 구르는 소리가 쉬지 않고 들려.
여기는
갈릴레오 갈릴레이의 실험실.

1604년,
갈릴레오 갈릴레이가 망원경을 하늘로 치켜들고
우주의 비밀을 밝히기
몇 년 전의 일이야.
갈릴레오가 널빤지를 잘라.

위대한 과학자가
헛간에 쪼그리고 앉아
구슬을 굴린다고?

왜?

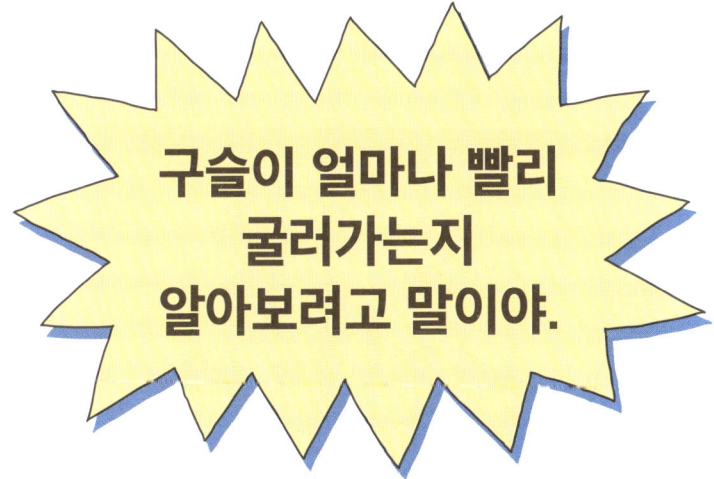

겨우?

아니!
이건 결코 평범한 실험이 아니야.
이 일은 과학의 역사에서
아주아주 놀라운 사건이야.
2000년 동안 느릿느릿 굴러가던
과학의 수레바퀴가

이제부터 증기 기관을 단 듯
굉장한 속도로 나아가.

바야흐로
과학의 역사에 혁명이 시작될 참이야.
비로소 이론과 실험을 모두 장착한
진짜 과학이 탄생해!

그런데 어쩌다 갈릴레오는
구슬을 굴리는 허접하고 위대한
실험을 하게 되었을까?

그건 말이야….

갈릴레오는 과학을 공부하다가
몹시 궁금한 게 생겼는데

교수가 폼을 잡고 하는 말을 풀면
무거운 물체일수록
더 빨리 떨어진다는 소리.
교수뿐 아니라 모든 사람들이 그렇게 생각했어.

정말?
무거운 것이 가벼운 것보다 빨리 떨어질까?

한 손에 돌멩이, 한 손에 깃털을 들고
동시에 떨어뜨리면,

돌멩이가 먼저 땅에 떨어져.
돌멩이와 깃털이 동시에 떨어지거나
깃털이 먼저 떨어지는 걸 본 사람은 아무도 없어.
먼 옛날 위대한 아리스토텔레스도 말하길,

무거운 물체가 더 빨리 떨어지는 이유까지도
시시콜콜 책에 기록되어 전해졌으니

무거운 것이 더 빨리 떨어진다는 걸
아무도 의심하지 않았어.
그런데 갈릴레오만이 의심을 품었어.

갈릴레오는
교과서에 씌어 있다고 그대로 믿지 않았어.
정말로 그런지
실험을 하기로 해!

그런데 너무 빨리 떨어져 버려.
눈 깜짝할 사이에!

갈릴레오에게
기막힌 방법이 떠올랐으니…

이건 과학의 역사에서
엄청나게 위대한 아이디어 중 하나야!

자연의 비밀을 볼 수 없다면?

보이게 만들어!

갈릴레오가 바로 그걸 했어!
공이 너무 빨리 떨어져서 볼 수 없다고?
갈릴레오는 공이 비스듬히 굴러 내려오면
속도를 비교할 수 있다고 생각했어.
그리고 치밀하게 실험을 계획해.

갈릴레오는
구슬이 잘 내려오게 널빤지에 홈을 파고
고운 양피지를 덧대 매끄럽게 만들었어.

이제 구슬이 내려올 때 시간을 재면 돼.
하지만 이런!

시계는 50년 뒤에나 발명될 예정이야.
갈릴레오는 대신
심장 박동으로 시간을 쟀는데,

정확하지가 않아.
이번에는 물시계를 만들어.
양동이 바닥에 구멍을 뚫고

구슬이 내려올 때까지
흘러나온 물의 양을 쟀어.

쇠구슬이 내려오는
동안 모인 물

나무 구슬이 내려오는
동안 모인 물

둘의 무게가 같아!
무거운 구슬과 가벼운 구슬이
내려간 속도가 같아!

이제까지 사람들이 믿어 온 생각이 틀렸어.
갈릴레오의 생각이 옳아.

무거운 것과 가벼운 것이
동시에 떨어져!

그로부터 몇 백 년 뒤…
1971년, 아폴로 15호가 달에 착륙했을 때
우주 비행사 데이비드 스콧이 달 표면에서
망치와 깃털을 동시에 떨어뜨렸어.
그 장면이 지구로 생중계 되었는데…

1,320g의 망치와 30g의 깃털이
동시에 떨어지는 걸 모두가 지켜보았어.

갈릴레오가 보고 있었다면
얼마나 기뻤을까?

하지만
아직 끝나지 않았어.
실험을 계속하다가
갈릴레오는 놀라운 사실을 관찰했는데
아래로 내려갈수록 구슬이
점점 더 빨라져!

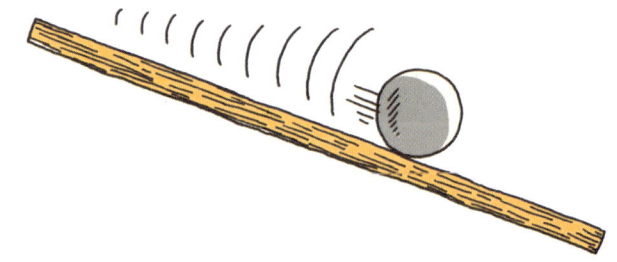

반대편으로 올라갈 때는
점점 더 느려져!

그 정도야 눈썰매만 타 보아도
알 수 있어.

하지만
바로 이 다음이야.
갈릴레오가 위대해지는 순간!
2000년 동안 눈썰매를 타면서도
아무도 눈치채지 못하고
아무도 궁금하지 않았던 사실이 있었으니…

의문을 품자마자 갈릴레오는 확신했어.

언제까지?
계속 계속 영원히!
완벽하게 편평한 곳에서 구슬을 굴리면
영원히 영원히 간다는 거야!

그걸 증명하기 위해
갈릴레오는 놀라운 실험을 고안해.
반대쪽에 널빤지를 맞붙이고
구슬을 굴려.

구슬이 거의 처음 높이까지 올라가.
널빤지를 아래로 조금 더 기울이면…

조금 더 멀리 가서
처음 높이까지 올라가.
더 기울이면…

더 멀리 가서
처음 높이까지 올라가.

점점 더 기울이다가
널빤지를 안전히 편평하게 하면…

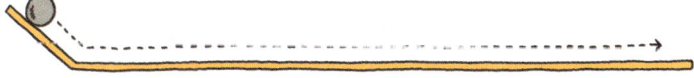

점점 더 멀리 멀리 멀리… 가.

갈릴레오는 말했어.
널빤지가 끝없이 길고
완벽하게 매끄럽고
완벽하게 편평하다면
그리고 구슬의 운동을 방해하는 공기도 없다면
구슬이 계속 계속 간다고 말이야.
느려지지도 않고 멈추지도 않고
영원히!
텅 빈 우주에서는 정말로 그런 일이 일어나.

이것이 바로
인류가 첫 번째로 발견한
자연의 법칙이야.
위대한
갈릴레오 갈릴레이의

관성의 법칙!

지구에서는
그 무엇도 영원히 갈 수 없지만
우리는 이따금 관성을 느낄 수 있어.
이럴 때 말이야.

멈추려 해도
다리가 계속
저절로 달리고

자동차가
갑자기 멈추어도
몸이 계속 앞으로 가.

갑자기 세탁기
전원이 꺼져도
탈수기가 계속 돌고

한 번만 쳐도
팽이가 돌고 돌아.
관성 때문이야.

빨리 달리는 자전거가 잘 넘어지지 않는 것도
관성 때문이고

지구를 떠난 우주선이
우주 공간으로 계속 날아갈 수 있는 것도
관성 때문이야!

조심해!
놀면 계속 놀고 싶어지는 것도
관성 때문일지 몰라.

02 공기가 온 세상을 누르고 있다!

우리는 걸어 다닐 때
공기가 무겁다는 걸
조금도 느끼지 못해.

누가 가르쳐 주지 않는다면
아마도 공기가 무겁다는 사실을
평생 모를걸.

공기에 무게가 있다는 걸 상상할 수 있는 사람은
아무도 없을 거야.

그런데 400년쯤 전에 어느 과학자가 공기에 대한
놀라운 생각을 했어.

**에반젤리스타
토리첼리**
이탈리아의 물리학자이자
수학자

토리첼리는 갈릴레오의 제자였는데
갈릴레오가 늙고 병들었을 때
갈릴레오의 집에 조수로 오게 되었어.

어느 날 갈릴레오가 토리첼리에게
수수께끼 하나를 들려주었어.

갈릴레오는 얼마 뒤 숨을 거두었고
우물의 수수께끼는
토리첼리에게로 넘어가게 돼.

아리스토텔레스에 따르면
자연이 진공을 싫어하기 때문에
빈자리로 물이 밀고 올라온다는 거야.

모두들 아리스토텔레스의 설명이
옳다고 생각했어.
하지만 이상해.

그런데 왜 우물이 10m보다 깊으면
올라오지 못하는 걸까?
자연이 진공을 싫어해서 물이 올라오는 게 아닐지 몰라.
토리첼리는 혹시 무언가가 물을
밀어 주는 게 아닐까 의심해 보았어.

그러자 놀라운 생각이 떠올랐어.

공기가 누르고 있다니!
괴상한 생각처럼 보이지만
간단히 증명할 수 있어.

컵에 물을 가득 담고…

수조 속에서 뒤집어…

똑바로 세워도

컵 속의 물이 쏟아지지 않아.

공기가 누르고 있기 때문이야!

하지만
10m짜리 유리컵을 어떻게 만들겠어?

토리첼리는
10m짜리 유리컵에 물을 넣는 대신
1m짜리 유리관에
수은을 넣기로 해.
은빛으로 빛나는 수은은
연금술사들이 오래전부터 실험실에서
많이 쓰던 물질인데

수은 방울
훗날 독성이 있는
물질로 밝혀짐

금속이면서도 액체이고
물보다 무려 13.6배나 무거워.

토리첼리는 유리관에
수은을 가득 채우고 거꾸로 세웠어.
수은이 내려오다가

76cm에서 멈춰!
유리관을 이리저리 기울여도 수은 기둥의 높이는 언제나

76cm야.

아하,
물기둥의 높이는 10m,
수은 기둥의 높이는 76cm야.
더 내려오지 못해!
바깥에서 공기가 누르고 있기 때문이야.

공기가 우리를 누르고 있어!
공기가 지구를 둘러싸고 온 세상을 눌러.
공기가 누르는 힘을 **대기압**이라 불러.

토리첼리의 수은 기둥 실험은
인류 최초로 진공을 보여 준 실험이기도 해.

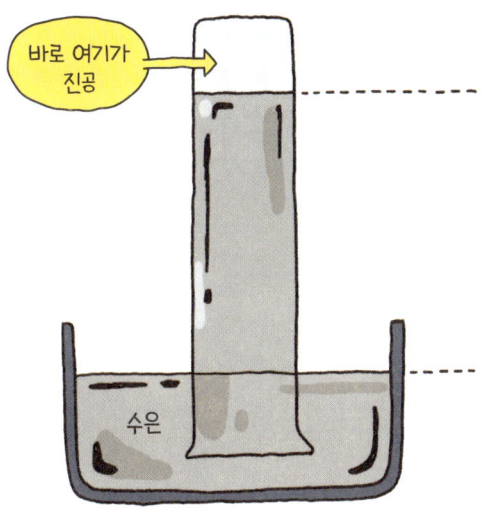

아리스토텔레스가
자연에는 진공이 없다고 주장했는데
보기 좋게 틀렸어.
2000여 년 동안 아무도 믿지 못한 진공의 세계가
눈앞에 나타난 거야.
우리도 토리첼리를 따라
인류 최초의 진공을 목격하는 순간이야!

1654년,
독일 마르데부르크시의 시장이자 과학자인
오토 폰 게리케가
진공 펌프를 발명해.
그리고 대장장이에게 이상한 주문을 하는데

구 2개를 맞물리고
그 사이에는 기름에 젖은 가죽 고리를 꼼꼼하게 붙여
공기가 조금도 새지 못하게 했어.

게리케 시장은 자신이 발명한
세계 최초의 진공 펌프로

구리 반구 속에 들어 있는 공기를 모두 빼냈어.
그런 다음 양쪽에서 잡아당겨 보았어.

사람들이 달라붙어 잡아당겨 보아도

소용이 없고

말 16마리가 잡아당겨 보아도
꿈쩍도 안 해.

사방에서 공을 누르는 힘이 얼마나 큰지
모두가 똑똑히 보았어.
잠시 뒤 게리케 시장은
더 놀라운 광경을 보여 주었는데
반구에 장치된 작은 손잡이를 살짝 돌려
공기가 들어가게 했어.

그러자 당기지 않아도
반구가 쩍~ 분리되는 게 아니겠어?
반구 안쪽과 바깥쪽의 대기압이 같아졌기 때문이야!

그렇다면 우리를 둘러싼 공기의 무게는 얼마나 될까?
훗날 전자저울이 발명되어
과학자들이 공기의 무게를 측정하고
계산하여 밝혀내기를

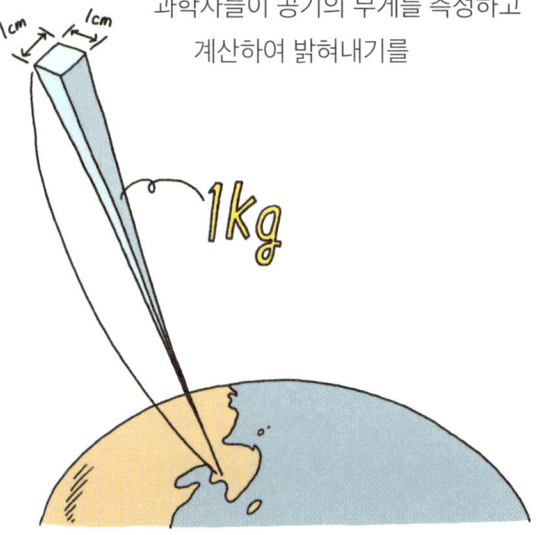

가로 1cm, 세로 1cm인
네모기둥을 하늘 높이 올린다면
그 안에 있는 공기의 무게가
1kg이라는 거야.
겨우?
아니! 그건 바로 네 머리 위에
공기가 200kg쯤 누르고 있다는 거야.

괴팍하고 고독한 뉴턴의 만유인력

지구에 살았던 모든 과학자 중에
가장 천재적인 사람을 꼽으라면

아마도 아이작 뉴턴이 최고일 거야.
그리고
가장 우울하고 괴팍하고 신경질적인
과학자 한 사람을 꼽으라면
그것도 뉴턴일 거야.

뉴턴을 좋아하는 사람도 있고
싫어하는 사람도 있지만

뉴턴이 어떤 사람이든
뉴턴 덕분에 인류는
우주가 어떻게 작동하는지 이해하게 되었어.

아이작 뉴턴은
1642년,
갈릴레오가 죽은 해 크리스마스에
영국에서 태어났어.

칠삭둥이 뉴턴
너무 작고 허약해서
곧 죽을 것 같았지만 살아남아
장차 우주의 비밀을 밝혀 줄
위대한 과학자가 될 운명

어린 시절 뉴턴은 불행했어.
아버지는 뉴턴이 태어나기 전에 죽고
엄마는 재혼했지만 뉴턴을 데려가지 않았어.

뉴턴은 평생 동안 친구가 없었고
아무도 뉴턴이 어떤 사람인지 몰랐어.

몇 년 뒤 뉴턴은
어머니의 농장 일을 돌보게 되었는데

누가 봐도 농장 일은 젬병.

성질이 까다롭고 괴팍해서
1661년, 뉴턴이 케임브리지 대학교에 입학했을 때는
하인들이 제일 좋아했어.

대학교에 입학한 날 뉴턴은
책상 자물쇠와 잉크, 요강, 초 한 자루와
두꺼운 공책을 샀는데….

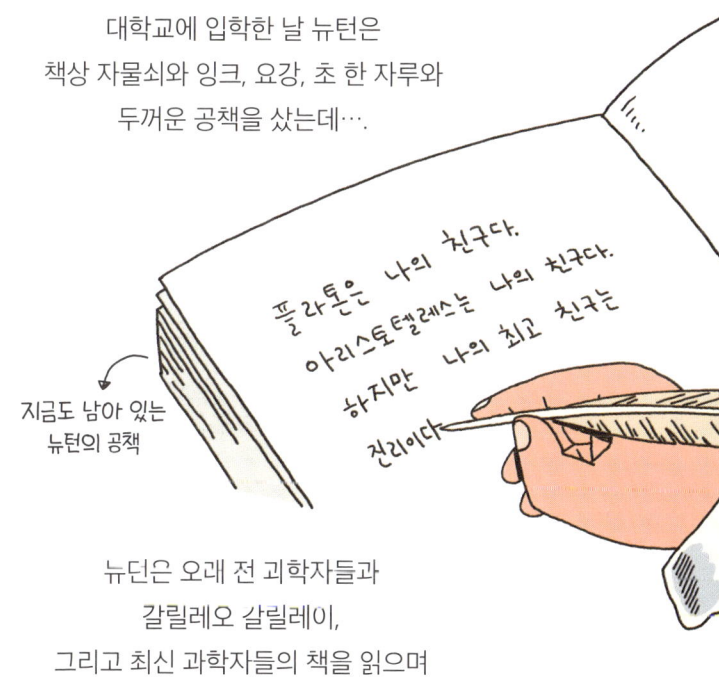

지금도 남아 있는 뉴턴의 공책

뉴턴은 오래 전 과학자들과
갈릴레오 갈릴레이,
그리고 최신 과학자들의 책을 읽으며

궁금한 것, 알게 된 것들을 모두 기록했어.
뉴턴은 놀지도 않았고
사람들과 얘기도 하지 않았고 취미도 없었지만
죽을 때까지 변하지 않은 습관이 있었는데
무엇이든 기록하는 거야.

게다가 뉴턴은 낙서한 종이 한 장도
버리지 않고 모아 두었어.
덕분에 역사학자들은
뉴턴이라는 놀라운 천재가
무엇을 생각하고
어떻게 위대한 발견에 이르게 되었는지
자세히 알게 되었어.

언제부턴가 뉴턴의 머릿속은
오로지 세계와 우주를 이해하고 싶다는
호기심과 열망으로 가득 찼어.

1665년, 영국에 무시무시한 흑사병이 돌아
학교가 문을 닫고

뉴턴은 울즈소프의 시골집으로 놀아가
오로지 그 생각만 할 수 있었어.

2000년 동안 과학자들은
달이 지구를 도는 것이
당연한 일이라고 생각했어.

뉴턴은 그렇게 생각하지 않았어.

달은 직선 방향으로 나아가야 해!

그런데 달은
까마득한 옛날부터
지구를 동그랗게 돌고 있잖아?

왜 그럴까?
뉴턴은 깨달았어.

뉴턴은 그림을 그렸어.

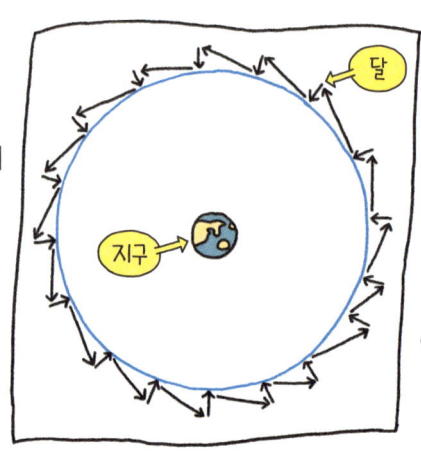

달이
앞으로 가는데
당기고…

앞으로 가는데
당겨!

달이 지구를 돌 수밖에!

뉴턴은 달을 당기고 있는 지구의 힘을
중력이라 불렀어.

지구는 달만 당기는 게 아니라
지구 위의 모든 것을 당기고 있어!
돌멩이, 구슬,
날아가는 포탄…

뉴턴에 따르면
우리가 땅에 붙어 살 수 있는 것도
중력 때문이라는 거야.
만약에 중력이 없다면…

그리고
뉴턴은 더 놀라운 이야기를 했는데
지구만 중력이 있는 게 아니라
우주 만물에 중력이 있고

서로가 서로를 끌어당긴다는 거야!

그런데 뉴턴이
그런 **힘**이 있다고 말만 했다면
과학자들은 조금 놀라고

자기 할 일을 하러 갔을지도 몰라.
뉴턴은 그저 신기한 주장을 한 과학자로 기억될 뿐
과학의 혁명을 일으킨
위대한 과학자가 되지는 못했다는 말씀.

그저 그런 과학자

하지만 뉴턴은
물체와 물체 사이에 서로 당기는 힘을
계산하는 법을 발명했어.

바로 바로
만유인력의 법칙이야!

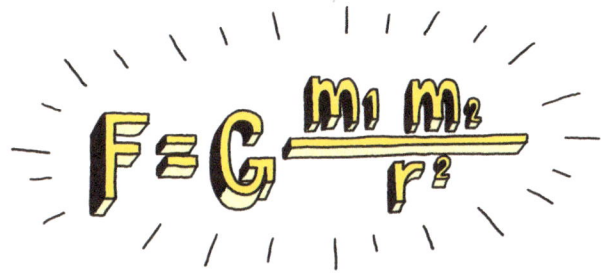

무슨 뜻이냐 하면…

→ 위대한 과학자

두 물체 사이에 작용하는 힘은
거리가 가까울수록, 무거울수록 커진다는 뜻!

두 물체의
질량과 거리를 알면
만유인력의 크기를 계산할 수 있어.

만유인력의 법칙은
우주에 있는 것이든 지구에 있는 것이든
모든 천체와 모든 물체 사이에
똑같이 작용해!

지구는 사과를 당기고
우주 공간을 가로질러 달도 당겨.
그런데 왜 떨어지지 않을까?
아니!
달도 떨어지고 있어!

뉴턴의 말은 사실이야.
뉴턴이 계산했는데
달은 시속 3,600km로 달리고 있어.
만약 지구에서
사과를 어마어마한 속도로 던질 수 있다면

시속 3만 km로 날아가는 사과

사과도 땅으로 떨어지지 않고 지구를 한 바퀴 돌아서
너의 뒤통수를 때릴지 몰라.
만약 뒤통수를 맞히지 않고 계속 간다면
지구를 뱅글뱅글 돌아!
그게 바로 인공위성이라는 말씀.

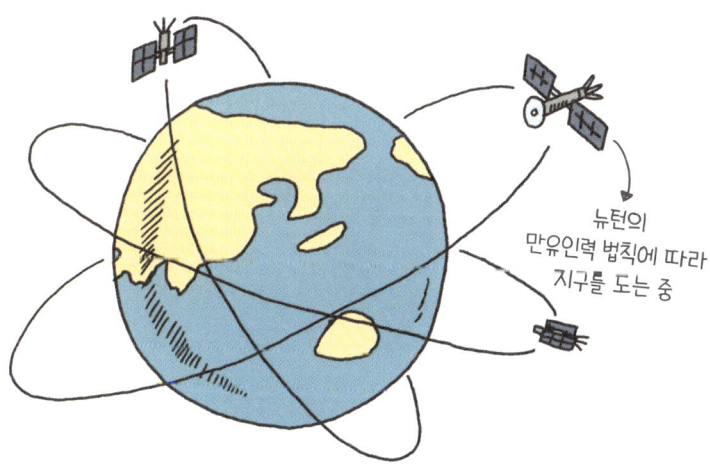

뉴턴의
만유인력 법칙에 따라
지구를 도는 중

우주의 천체들도 그렇게 돌고 있어.
연료 한 방울 없어도
달은 지구를 돌고, 지구와 행성들은 태양을 돌고….

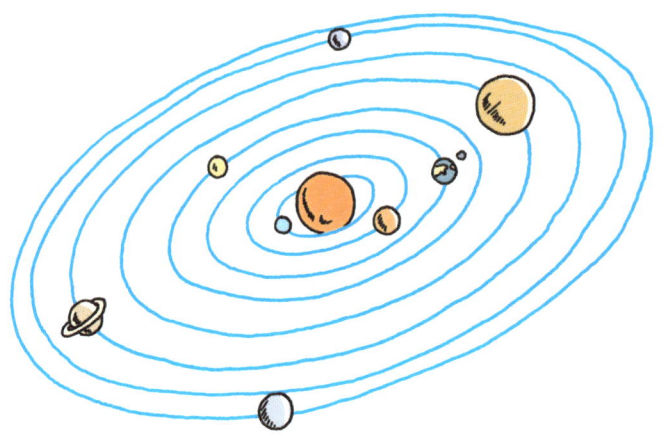

그리하여
지구가 태양을 도는지
태양이 지구를 도는지
과학사의 오래되고 케케묵은 논쟁은 끝이 났어.
뉴턴이 천동설을 한 방에 날려 버린 거야.

지금도 우주의 모든 천체들은
뉴턴의 만유인력 법칙에 따라
정확하게 운행되고 있어.
달, 지구와 행성들, 태양과 모든 별들,
혜성과 소행성, 조그만 운석, 먼지 한 톨까지도!

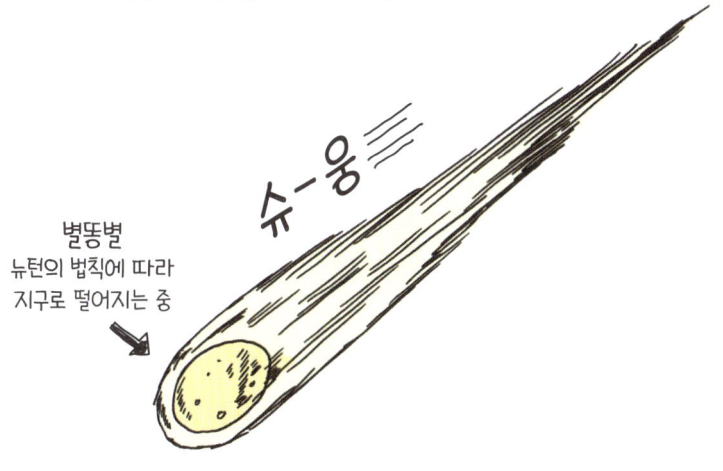

별똥별
뉴턴의 법칙에 따라
지구로 떨어지는 중

슈-웅

뉴턴의 법칙으로
천체들이 언제 어디에 있을지
정확하게 계산하고 예측할 수 있어.

33xx년 x월 x일
11시 19분의
태양, 달, 지구의 위치?

1727년,
인류에게 위대한 빛을 비춰 준 뉴턴은
84세의 나이로 세상을 떠나
왕들과 위인들이 잠들어 있는
웨스트민스터 대성당에 묻혔어.

자연과 자연의 법칙은
밤의 어둠 속에
감추어져 있었다.
하느님께서 말씀하셨다.
'뉴턴이 있으라!'
그러자 온 세상이
낮처럼 밝아졌다.

알렉산더 포프
영국의 시인

아무도 몰랐던 우주의 비밀을 밝히고
일평생 사람들 앞에
오만하고 괴팍한 뉴턴이었지만
진리 앞에서는 한없이 겸손했어.
죽기 전에 뉴턴은 이런 말을 남겼어.

"
세상에 내가 어떻게 비춰질지 나는 모른다.
그러나 나는
끝없이 펼쳐져 있는 진리의 바닷가에서
이따금 반짝거리는 조약돌을 주우며 노는 어린아이 같다.
내 앞에는 여전히
끝없는 진리의 바다가 펼쳐져 있다.
"

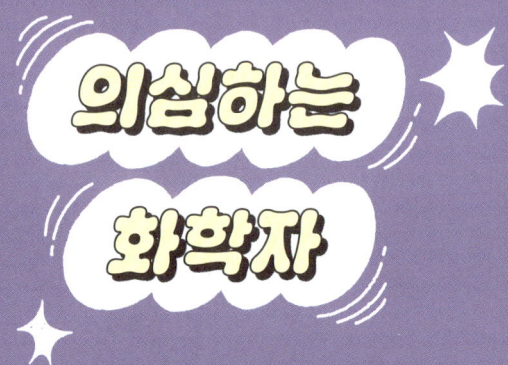

1600년대에 평생 과학을 연구하며
마음껏 실험을 하려면 2가지 길이 있었는데
하나는 갈릴레오와 뉴턴처럼 대학 교수가 되는 것.
또 하나는
엄청난 부잣집에서 태어나는 것이었어.
'화학의 아버지' 로버트 보일이 바로 그랬어.

보일의 아버지 코크 백작 1세는
그냥 부자가 아니라
그 무렵 영국에서 가장 부유한 사람이었다고 전해져.
보일은 엄청난 재산을 가졌지만

재산에는 관심이 없고
평생 남을 도우며 검소하게 살았어.

젊은 시절 보일은
이탈리아를 방문했다가

갈릴레오라는 대단한 과학자가 얼마 전
죽었다는 소식을 듣게 되었어.
그 일로 도시가 시끌시끌했고
보일은 호기심이 생겼어.
보일은 갈릴레오의 책을 구해서 읽었고 그만
과학의 매력에 빠져 버렸어.

보일은 결혼도 하지 않고
평생 과학을 사랑하며 살았어.

보일은 뉴턴과 마찬가지로
신앙심이 깊었고
평생 자연의 비밀을 알려고 애쓰는 것은
하느님을 더 잘 알게 되는 것이라고 믿었어.

밤마다
기도하는 보일

보일은
과학을 통해 사람들의 삶이
더 나아질 수 있다고 믿었으며
겸손하고 훌륭한 성품을 지닌 사람이었어.

보일은 많은 재산 덕분에
부족한 것 없이 크고 훌륭한 실험실을 가지고 있었고
똑똑한 조수도 고용할 수 있었어.

보일의 실험실

보일은 실험을 수백수천 번 했는데
그게 거짓말이 아니라 사실이라고 알 수 있는 건
보일이 시시콜콜
상세한 실험 보고서를 남겼기 때문이야.

보일이 살았을 때는
아직도 연금술 실험이 널리 행해지고 있었어.
목적은 값싼 금속으로 황금을 만드는 것.

위대한 뉴턴조차도
평생 동안 연금술 실험을 했어.
보일도 연금술로 금을 만들 수 있다고 생각했는데
한번은 정말로 금을 만드는 데 성공했다고 믿기도 했어.

하지만 보일은
다른 연금술사들과 다른 게 있었어.
중요한 건 금이 아니라
연금술을 통해 물질의 지식을 얻는 것!

아직 제대로 된
화학이라는 학문이 없었고
물질에 관한 지식을
가장 많이 알고 있었던 사람들은,

무언가를 만들기 위해서만
실험하고 제조할 뿐이었어.
하지만 보일은
화학이 그 자체로 공부할 가치가 있는
중요한 학문이라 믿었어.

보일이 가장 먼저 한 일은
의심하는 거였어.
1661년, 보일이 펴낸 책의 이름도
《의심 많은 화학자》였다니까.

사람들은 2000년 동안 아리스토텔레스의 말을 믿었어.

하지만 보일은
의심하는 화학자답게 의심했어.

아리스토텔레스의 말대로라면
통나무를 불로 태우면
기본 원소인 물, 흙, 공기로 바뀌어야 하는데
그렇지 않은 것 같았어.

장작에서 나온 연기는 공중으로 흩어져 공기와 섞여.
그런데 어떻게 공기가 기본 원소라는 걸까.

보일은 공기가 순수한 물질일 리 없다고 확신했어.
그렇다면 공기가 무엇으로 되어 있을까?
보일은 공기를 조사해 보기로 해.

그런데도 보일은 실험을 해.
똑똑한 조수 훅과 함께
실험에 필요한 장비를 만들었어.

보일은 공기가 알갱이로 되어 있다고 추측하고
J자 모양으로 구부러진 유리관을 만들었어.
유리관의 길이가 자그마치 3m야.
조수 훅이 사다리를 타고 올라가

유리관에 수은을 부어.
수은이 유리관 안으로 내려가다가 멈춰.

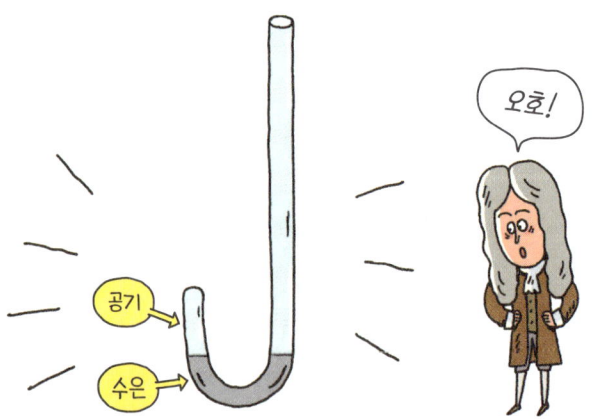

그런데
수은을 2배로 부었더니

유리관 안의 공기가 반으로 줄어들었어!
어떻게 된 걸까?

보일은 눈에 보이지 않는
공기 알갱이를 상상해 보았어.

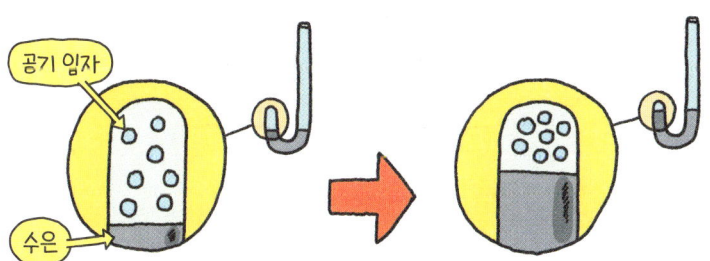

그래서 공기가 들어 있는
공간이 늘었다 줄었다 할 수 있어.
알갱이 수는 똑같은데 공간이 줄어들면?
압력이 높아져!

공간이 똑같은데 알갱이 수가 많아져도
압력이 높아져.

보일은 공기의 압력에 관하여
수없이 실험한 뒤에 그 유명한 법칙을 발표해.

보일은 꿈에도 몰랐을 거야.
자기가 발견한 기체의 법칙이
몇 백 년 뒤 아이들의 과학 교과서에 등장하는
첫 번째 법칙이 될 줄은 말이야.

이제 보일은 공기 알갱이가
과연 1가지 성분으로 되어 있는지 알아보기로 해.

조수에게 공기를 쉽게 집어넣거나 뽑아낼 수 있는
진공 펌프를 만들라 하고

유리 상자를 밀폐하여 생쥐를 넣어 보았어.

20일 뒤에 생쥐가 죽어 버렸어.
하지만 생쥐가 죽은 뒤에도
상자 속에 공기가 남아 있다는 걸 무게로 알 수 있었는데
이게 무슨 뜻일까.

그 성분이 무엇인지는
보일이 죽고 100년 뒤에야 밝혀지지만
보일의 업적은
공기가 1가지 원소로 되어 있지 않다는 걸
처음으로 알아냈다는 거야.

보일은 호기심이 많아서
그 뒤로도 온갖 실험을 해.

진공에서는 소리가 전달되지 않는다는 것을
처음으로 알아냈어.

그리고 밀폐 용기에 파리를 넣고
공기를 $\frac{1}{3}$쯤 빼 보는 실험도 했는데

파리가 그만 기절해 버렸어.

공기가 줄어들어도
반딧불이가 빛을 내는 데는 문제가 없었어.

또 산호 가루에 식초를 부었더니
어떤 기체가 발생했는데

그걸 모아 파리를 넣었더니
파리가 죽어 버렸어.
훗날 이 기체는 이산화 탄소로 밝혀져.
일평생 수많은 실험을 하고 보일은 말했어.

아무리 황당한 실험이라도
존중받을 가치가 있어.
어린아이의 장난이 때로는
과학자의 연구에 버금가는
결과를 낳을 수도 있지.

보일은 인내심을 가지고
언제나 정직하게 실험하고
실험 과정을 성실하게 기록으로 남겨서
보일의 책을 읽은 사람이면 누구나
똑같은 실험을 반복할 수 있었어.

보일은 과학자들과 함께 연구하고
토론하는 모임을 만들었어.

그렇게 하여
훗날 영국의 과학계를 이끌어 갈
왕립학회가 탄생했어.

← 왕립학회의 문장

이 학회에 뉴턴이 오랫동안 회장을 맡기도 했어.
왕립학회는 지금도 운영되고 있는데
2,000명 가까운 과학자가 활동하고 있어.

보일은 무척 존경받는 과학자가 되었는데도
언제나 겸손했어.

왕립학회의 회장으로 선출되어도 거절하고

영국의 대법관이 높은 성직을 제의해도
이튼 스쿨의 교장직에 추대되어도
모두 모두 거절하고
평생 과학 연구만 했던 보일은
재산의 대부분을 자선을 위해 내놓고
1691년에 64세로 눈을 감았어.

05

보이지 않는 기체를 어떻게 발견했을까?

갈릴레오와 뉴턴 덕분에
인류는 우주가 조화롭게 작동하는 비밀을
알게 되었지만
바로 우리 곁에 존재하는 물질에 대하여는
여전히 아는 것이 많지 않았어.

연금술사들의 뒤를 이어
화학자 로버트 보일이 그 문을 조금 열긴 했지만
아직도 갈 길이 멀어.

철저하게 물질의 비밀을 탐구하려면
수많은 기구들이 발명되어야 했는데

뉴턴의 시대에 그런 기구들은 아직 발명되지 않았어.
위대한 물리학자 뉴턴조차
물질의 비밀에 관하여는
평생 연금술에 빠져 허우적댈 뿐이었어.
뉴턴은 좌절했고

화학을 크게 발전시킬
독보적 영웅은 존재하지 않게 되었어.
그 대신 화학은 차츰차츰 발전하고,
여러 명의 선구자가 나타나
가끔은 목숨을 거는 위험도 감수해.

화학 실험은 결코 쉬운 일이 아니야.
뉴턴이 위대한 우주의 법칙을 발견할 때
집이 폭발하거나 다리가 부러질 위험은 없지 않았겠어?
하지만 화학 연구는 달라.

폭발 사고로 실험실이 쑥대밭이 되거나

부상을 당하고 화상을 입거나

새로운 물질을 발견하고는
맛을 보았다가 중독되어 목숨을 잃기도 했어.

스웨덴의 화학자 셸레는
시골 마을의 조그만 약국 귀퉁이에서
무시무시한 실험을 많이 했는데
유독한 염소 가스를 발견하고도
다행히 살아났고

무시무시한 독약을 발명하고
혀에 묻혀 보았는데도
운 좋게 살아남았어.

셀레는 진한 황산으로도 실험을 했는데
이산화 망간에 황산을 녹여
불에 가열한 다음
발생하는 기체를 모았어.

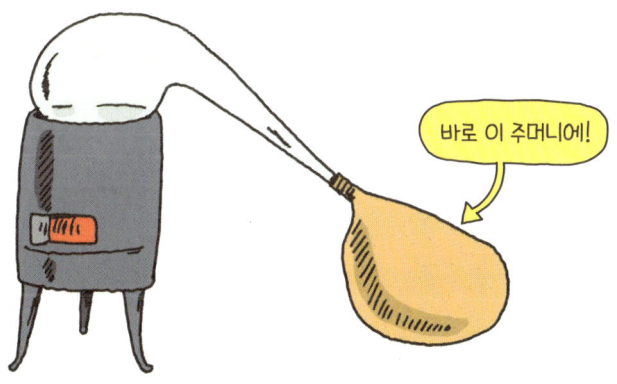

그 기체 속에 촛불을 넣으면 잘 타오르는 걸 보고
셀레는 '불의 공기'라 불렀는데
훗날 그 기체가 산소라는 것이 밝혀져.

그런데
셸레가 산소를 발견했다는 소식은
과학자들 사이에 금방 알려지지 않았어.

책 만드는 사람이
늑장을 부리는 바람에
최초로 산소를 발견한 공로는
다른 사람에게 돌아가.
그 뒤로도 셸레는 죽을 때까지 실험을 했는데
말 그대로 '죽을 때까지' 실험을 했어.

겨우 43세에 셸레는
수은 중독이 의심되는 증상으로
실험대 앞에서 죽고 말아.
결혼식을 올리고 겨우 이틀 뒤였는데 말이야.
비슷한 무렵에
프리스틀리라는 과학자가

조지프 프리스틀리
영국의 목사이자
과학자

또 다른 방법으로 산소를 발견해.
볼록 렌즈로 태양 빛을 모아 금속에 쪼였더니
어떤 기체가 발생했는데
그게 바로 산소였어.

산화 수은

이 시대에는 과학자들 사이에 커다란 볼록 렌즈를 만드는 게 유행이었어.

산소가 든 유리병에
촛불을 넣어 보았더니
촛불이 활활 타오르고

생쥐를 넣었더니
숨이 멎어 죽을 시간이 지나도
생쥐가 팔팔해.

이 기체는 정말 대단한 성질을 가지고 있군.

프리스틀리는 직접 산소를 마셔 보고

친구에게 편지를 보내.

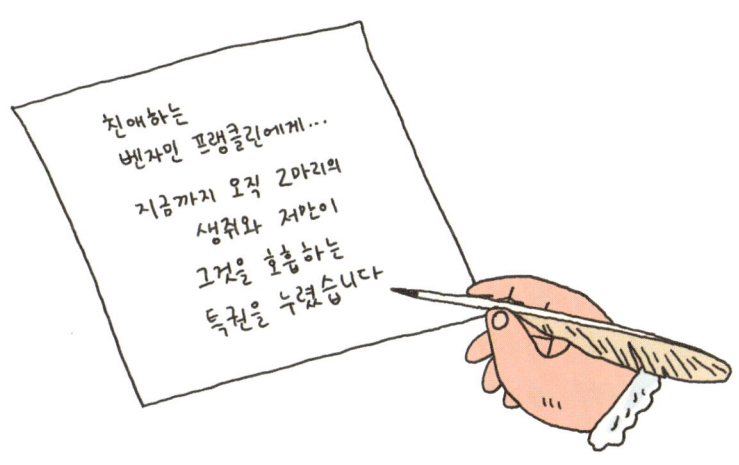

어느 날 프리스틀리는
양조장 근처로 이사를 하게 되었는데
나무통 속에서 포도가 발효되어
서품이 부글부글 나오는 걸 보고
눈에 보이지 않는 기체가 뿜어져 나온다고 추측했어.

프리스틀리는
이 기체를 유리병에 모아 성질을 조사해 보았어.
기체가 담긴 유리병에
불타는 나무 조각을 넣었더니
불이 꺼졌고

이 기체에 물을 부어 마셨더니
물에서 톡 쏘는 기분 좋은 맛이 나지 뭐야.
그 기체는 바로 이산화 탄소였어.
최초의 탄산음료가 탄생하는 순간이야.

프리스틀리는
탄산음료 제조하는 법을
책으로 내기도 했는데

탄산음료를 대량으로 만들어
팔아 볼 생각은 하지 못했어.
그랬다면 부자가 되었을 텐데….

← 프리스틀리가 만든
탄산수의 막강한 후손

하지만
이산화 탄소를 제일 처음 발견한 건
프리스틀리가 아니야.

프리스틀리보다 20여 년 전에
조지프 블랙이라는 과학자가 돌을 태워 보았는데
태우기 전보다 무게가

조금 줄어든 걸 발견했어.
블랙은 상상했어.

그렇다면 돌 속에 어떻게
기체가 들어가게 되었을까?
블랙은 그 기체가 원래
공기 속에 있었을 것이라 추측했어.

블랙은 정말로
그런지 알아보기로 했어.
과학자는 가설을 세우고
그것을 증명하기 위해 실험을 고안해.
블랙은 타 버린 돌을 가루로 만들고
도로 단단해지는 과정을 지켜보기로 해.

돌가루를 물에 탄다.

공기 중에 방치한다.

얼마 뒤에 접시에
희뿌연 덩어리가 생겨나기 시작해.
정말로 공기 중의 기체가 달라붙은 거야!
아직 얇고 부서지기 쉽고
돌처럼 보이지도 않지만

블랙은 자신이 발견한 기체가
돌 속에 박혀 있었다고 '굳은 공기'라 불렀어.
그 공기가 바로 이산화 탄소야.
나중에 프리스틀리도 발견하게 되는
그 이산화 탄소 말이야.

프리스틀리의 실험 중에는 이런 것도 있어.
이산화 탄소를 모은 병에

촛불을 넣었더니

생쥐를 넣었더니

촛불이 꺼져 버리고

생쥐가 시름시름.

그런데 시금치를 키웠더니

시금치가 죽지 않고 잘 살았어.

시금치는 이 기체를 이용해 살아가는 게 분명해.

프리스틀리는 식물이 이산화 탄소를 이용한다는 것을 처음으로 알아냈어.

프리스틀리는 그 밖에도
암모니아, 이산화 황, 이산화 질소, 염화 수소, 일산화 탄소…라고
불리게 될
10가지의 새로운 기체를 발견하고

1804년, 71세로 세상을 떠나.
일산화 탄소와 수은 중독 때문이라고 전해져.

프리스틀리는 죽기 1시간 전까지
조수에게 자신이 쓸 과학책의 원고를 불러 주었다고 해.

06 불이 타오르는 비밀을 밝히다

1794년 5월 8일,
프랑스의 한 과학자가
단두대에서 처형을 당해.

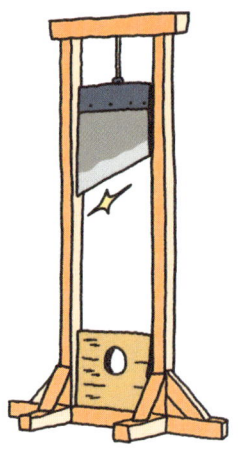

훗날 화학의 혁명을 일으킨
위대한 과학자로 역사에 남게 되지만
이 날 앙투안 라부아지에는 과학자가 아니라
세금 징수업자로 죽음을 맞이해.
프랑스에 혁명이 일어났거든.
성난 민중들이 거리로 나와 외쳐.

라부아지에는
연구를 마치기 위해
처형을 조금만 연기해 달라 탄원했지만

그대로 단두대로 끌려갔어.
라부아지에의 죽음을 두고
프랑스의 수학자 라그랑주는 이렇게 말했어.

1900년에 이르러서야
프랑스 정부는 파리 한복판에
청동으로 된 라부아지에의 동상을 세워.

하지만 나중에 밝혀지기를
동상의 얼굴이 라부아지에가 아니었다는 거야.

조각가의 실수로 그만
엉뚱한 사람의 두상이 달렸던 것.
그건 프랑스 과학 아카데미의 철학자 겸 수학자
마르키 드 콩도르세의 얼굴로 밝혀져.
하지만 이마저도 지금은 남아 있지 않은데
훗날 나치 점령기에
총알의 재료로 뜯겨 갔기 때문이야.

발만 남은 동상

앙투안 라부아지에는
'근대 화학의 아버지'라 불려.

라부아지에 덕분에 화학이 연금술과 분리되어
진정한 과학으로 나아갔기 때문이야.
라부아지에는 실험을 할 때
물질의 질량을 정확하게 재는 것이
가장 중요하다고 생각했어.
1700년대까지만 해도 화학자들은
실험을 할 때 이랬으니….

이런 방식으로는
다른 과학자들이 실험을 똑같이 재현할 수 없고
화학이 진정한 과학이 될 수 없어.

라부아지에는 똑똑한 이론가이고 실험가였어.
부자여서 세계 최고의 실험실을 갖추고 있었는데
실험실에 유리 실험 기구들이 어찌나 많았던지

사람들이 수군거려도
라부아지에는 세금 징수원 일을 조금만 하고
매일매일 실험에 몰두했어.
어느 날 라부아지에는
밀폐된 유리병에 다이아몬드를 넣고

지름이 1.2m나 되는 거대한 볼록 렌즈로
햇빛을 모아
다이아몬드를 태우는 실험을 했어.
놀랍게도 다이아몬드는 타서 모두 사라졌는데….

라부아지에는 다이아몬드가 사라지기 전과 후의
유리병의 무게를 비교했어.

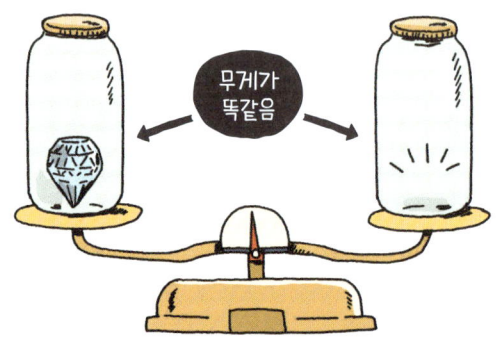

다이아몬드는 사라진 게 아니었어.

물질은 사라지지 않아.
다만 모습이 변할 뿐!
이번에는 양초를 가지고 실험해 보았는데
양초를 유리병에 넣고
타기 전과 후의 무게를 비교해 보았더니
둘의 무게가 똑같았어.

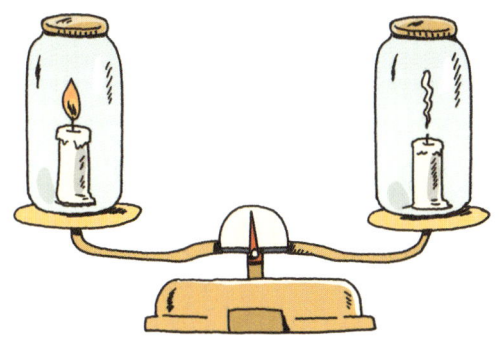

마침내
라부아지에는
과학의 역사에 매우 중요한
법칙 하나를 발견하게 돼.

반응이 일어나기
전과 후의 물질의 무게는 같다.

바로 바로

물질이 안 보이게 되어도 사라진 게 아니라
모습이 변할 뿐이야.
자연에서 영영 사라지는 것은
아무것도 없어!

설탕을 태우면 시커멓고 딱딱하게
쪼그라들어.
달달하고 맛있는 하얀색 설탕은
어디로 간 걸까?

설탕이 수증기와 이산화 탄소로 변해 날아갈 뿐
사라진 게 아니야.
그걸 다 모을 수 있다면
맨 처음 설탕의 무게와 똑같아!
라부아지에의 두 번째 업적은
불이 타오르는 비밀을 밝혀냈다는 거야.
질량 보존의 법칙 덕분에
라부아지에는 불꽃이 타오르는 비밀을 밝혀내게 돼.

그때까지만 해도 과학자들은
자기 책상 위에 양초가 타오르는 비밀도 알지 못했어.
양초와 나무는 잘 타고
돌멩이는 왜 타지 않는지 설명하기 위해
이상한 논리를 폈는데….

1700년경 독일의 과학자 슈탈이 주장하기를
플로지스톤은 투명하고 무게도 없으면서
물질 속으로 들락날락 할 수 있는
신기한 물질이라는 거야.
과학자들도 플로지스톤 이론을 받아들였어.

하지만
라부아지에는 믿을 수 없었어.

플로지스톤 이론에 따르면
뭔가를 태우면 플로지스톤이 빠져나가서
무게가 줄어든다는 거야.

이건 잘 들어맞았어.
그런데 금속을 태우면 문제가 생겼는데
금속을 태우면 더 무거워졌기 때문이야.

라부아지에는
세심하고 정밀하게 무게를 재며 실험했어.
플라스크 안에 수은을 넣고 태워.

그랬더니 수은이 정말로 더 무거워졌어.
플라스크 안으로 들락거린 건 아무것도 없어.
다만 유리병 속의 공기가 줄어들었을 뿐.

**수은이 탈 때 공기 속의 무언가가
수은과 결합하며 무거워진 거야.
플로지스톤이 들락날락하는 게 아니라고!**

라부아지에는
공기 속의 그 기체가 산소라는 것을 알고 있었는데

프리스틀리

내가 먼저 발견했어!

라부아지에

하지만 프리스틀리는 몰랐어. 그 기체가 물질이 타는 비밀과 상관있다는 것을. 기체의 이름도 내가 지어 준 걸! 하하.

라부아지에는 어떤 물질이
산소와 결합하는 현상이
바로 바로
무언가가 타는 비밀이라는 걸 알아냈어.
물질이 산소와 결합할 때 빛과 열이 나.
그걸 우리가 불이라고 불러!

산소와 잘 결합하는 물질은 잘 타올라.

산소와 잘 결합하지 않는 물질은 타기 어려워.

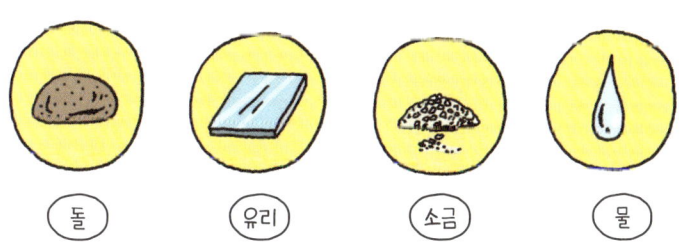

라부아지에의 실험에
플로지스톤이 설 자리는 하나도 없어.
과학자들이 100년 동안 믿었던
플로지스톤 이론은 그렇게 끝이 났어.

1789년 라부아지에는
자신의 연구를 종합하여 책을 냈는데

이 책은 훗날 화학자들을 위한,
최초의 위대한 화학 교과서가 돼.
이 책에서 라부아지에는
원소와 화합물의 뜻을 확실히 정해.

라부아지에는
그때까지 33가지 원소가 밝혀졌다고 했는데
훗날 33가지 중에 20여 가지만이 원소라는 것이 밝혀져.

물은 수소와 산소로 이루어진 화합물이라는 길
라부아지에가 처음으로 밝혀냈어.

라부아지에는
화학의 역사에 중요한 업적을 많이 남겼지만
자신이 원소를 단 1개도
발견하지 못했다는 사실을 슬퍼했어.

하지만 라부아지에는
원소 하나를 발견하는 것보다
더 중요한 일을 했는데
라부아지에 덕분에 세상의 화합물들이
비로소 제대로 된 이름을 갖게 되었다는 거야.

라부아지에는
화합물 속에 들어 있는 원소의 이름으로
화합물을 명명했어.

하지만 라부아지에의 명명법은
편리해서 차츰차츰
온 세계 화학자들이 공통으로 쓰게 되었어.
오늘날 화학 교과서에 나오는
수많은 화합물의 이름도
라부아지에의 명명법을 따르고 있어.

07

피가 온몸을 돌고 돈다고?

두근두근 쿵쿵!
가슴에 손을 대면 심장이 뛰는 소리가 들려.

헉! 심장이 안 뛴다면 그건 죽었다는 신호.
그렇다면 살아 있는 사람은
왜 심장이 뛰는 걸까?
잠을 잘 때는 느리게 뛰고

운동을 할 때나 엄마에게 거짓말을 할 때는
빨리 뛰는 심장.

400년 전만 해도 사람들은
우리 몸의 심장이 왜 뛰는지 알지 못했어.

지구가 왜 태양을 도는지 알게 되고
눈에 보이지 않는 공기가
얼마나 힘이 센지도 밝혀졌는데
몸속에 있는 주먹만 한 심장에 대해서는
아는 게 없었어.

심장에는 피가 모여 있고
피가 혈관으로 흐르는 건 알았지만

심장이 무슨 일을 하는지
피가 어디서 생겨나는지 알지 못했어.

학교에서도 심장에 대해 배우기를….

1543년에
전설적인 해부학자 베살리우스는
시체를 해부하고 인체의 비밀을 연구하여
훌륭한 책을 냈지만
그건 죽은 사람에 대한 연구였을 뿐!
살아 있는 사람의 몸속에 대한 비밀은
여전히 수수께끼로 남아 있었어.

그런데 1600년대에 이르러
영국의 어떤 의사가 심장과 혈액의 수수께끼를
밝혀내게 되었으니….

윌리엄 하비
영국의 의사이자
생리학자

하비가 의사가 된 건 정말 다행이야.
하비의 다섯 형제들은 아버지의 직업을 따라
모두들 일찍이 농부가 되었거든.

바이~.

하비는 이탈리아 파도바 대학에서 유학을 하고

베살리우스가
강의했던
바로 그 대학

영국으로 돌아와 의사로 일했어.
뛰어난 실력으로 이름을 날리며
제임스 1세와 아들 찰스 1세의 주치의가 되었어.
하비는 환자들을 돌보며
혈액에 특별한 관심을 가지게 되는데

피가 어디에서 나와 어디로 갈까?
하비는 피의 수수께끼가 혹시
심장이 뛰는 것과 관계가 있는지 궁금해졌어.

하비는 살아 있는 동물들을
해부해 보기로 마음먹어.

찰스 1세는 하비가
동물 실험을 하려 한다는 소식을 듣고

왕이 소유한 동물들을 기꺼이 내주었어.
하비는 특별히 뱀을 많이 해부했는데
왜냐하면 뱀은 변온 동물이어서
심장이 느리게 뛰고 관찰하기 좋았거든.

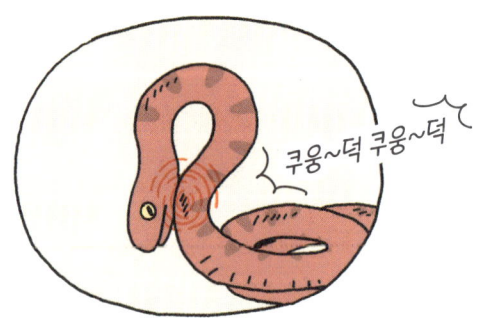

그리하여 하비는
심장이 부풀었다 줄어들었다 하며
쉬지 않고 뛴다는 것과

피가 심장에서 나와
혈관 속을 흘러가고 있다는 것을 알아냈어!

그런데 하비는 궁금해져.
심장은 피를 내보낼 때마다
끊임없이 피를 만드는 걸까?
그렇다면 심장은 몇 번이고 과로사할 지경일걸.

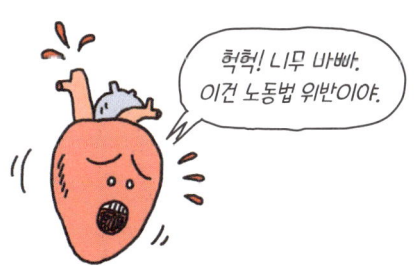

하비는 계산해 보았는데

심장이 1분에 70번쯤 뛰고
1번 뛸 때 주먹만큼 피를 내보낸다면
어쩌고저쩌고….

심장이 1시간에 300ℓ가 넘는 피를 내보낸다는
놀라운 결과를 얻게 되었지 뭐야.

헉!
500ml 콜라가
600캔이야!

심장이 그렇게 계속 피를 내보낸다면
무려 하루에 14,400캔이라고!
거인이라도 그렇게 많은 피를 만들어 낼 순 없어.

설령 그렇게 많은 피를
쉬지 않고 만든다 치자.
그 피는 다 어디로
간단 말인가?

결론은 하나뿐이야!

피는 우리 몸속에서 돌고 돈다!

심장은 수축하고 부풀고 수축하고 부풀고…. 잠시도 쉬지 않는 근육 덩어리이다.

팔딱팔딱

심장은 수축하면서 피를 힘차게 동맥으로 밀어내고

나가는 피

온몸을 돌아 정맥을 통해 다시 심장으로 돌아온다!

들어오는 피

하비는 심장과 혈관에 있는 판막이
열렸다 닫혔다 하면서
피를 한 방향으로 돌게 한다는 것도 밝혀냈어.
실로 손가락을 꽁꽁 묶으면

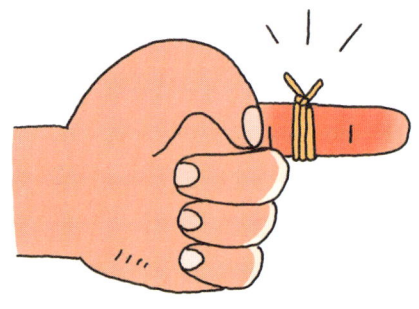

피가 심장으로 돌아가지 못해서 붉어져.
피가 순환한다는 증거야.
그런데
하비의 심장과 혈액 연구에서
1가지 해결하지 못한 수수께끼가 있었는데

심장에서 나가는 동맥피는 선홍색이야. 심장으로 들어오는 정맥피는 검붉은색이고.

어디에서 색깔이 바뀌는 걸까?

피가 돌고 돌려면
동맥에서 정맥으로
혈관이 이어져 있어야 하는데

하비는 그런 곳을 한 군데도 발견하지 못했어.
하비는 고민에 빠졌어.

피가 몸속을 순환한다는 이론이 틀렸을까?

하지만 하비는
자신의 이론을 포기하지 않고
책을 펴내는데

72쪽짜리 조그만 책에
자신이 발견한 것과
아직 알아내지 못한 것을 적었어.

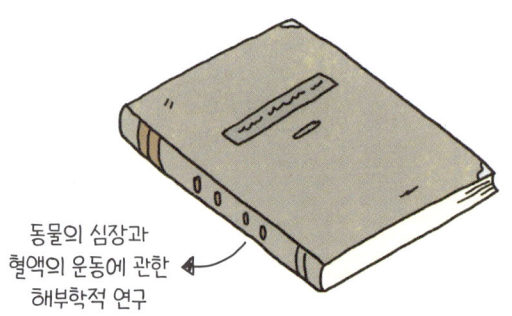

동물의 심장과
혈액의 운동에 관한
해부학적 연구

하비는 아무리 연구해도 알 수 없었을 거야.
동맥에서 정맥으로 가는 길은 너무너무 가늘어서
아무리 해부를 해도
맨눈으로는 볼 수 없었을 거거든.
하비가 세상을 떠날 즈음
이탈리아의 의사 말피기가 하비의 책을 읽고
감동을 받았어.

마르첼로 말피기
이탈리아의
생물학자이자 의사

말피기는 개구리와 쥐를 수없이 해부했는데
그러느라 마을에서 개구리와 쥐 들이
깡그리 사라질 정도였어.

어느 날 말피기는
바싹 말라 버린 개구리의 폐를
현미경으로 들여다보고 있었어.

말피기의 시대에
비로소 현미경이 등장했는데
아직 그렇게 성능이 좋지는 못했지만
말피기는 발견했어.
아주아주 가느다란 관을!

동맥과 정맥이
미세한 관으로
정말로 이어져 있었어!

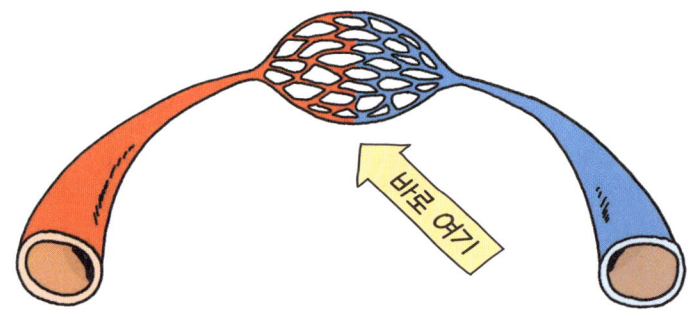

너무 가늘어서 모세 혈관이라 불리게 되었는데
굵기가 머리카락보다 몇 십 배 더 가늘어.
그렇게 하여 사람들은
피가 우리 몸을 어떻게 도는지 알게 되었어.

심장은
힘차게 피를 뿜는
튼튼한 펌프이고

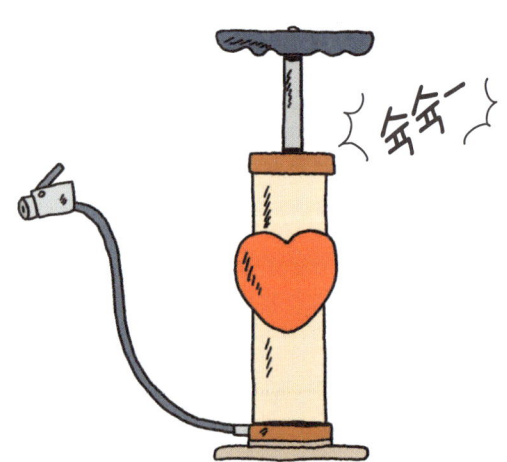

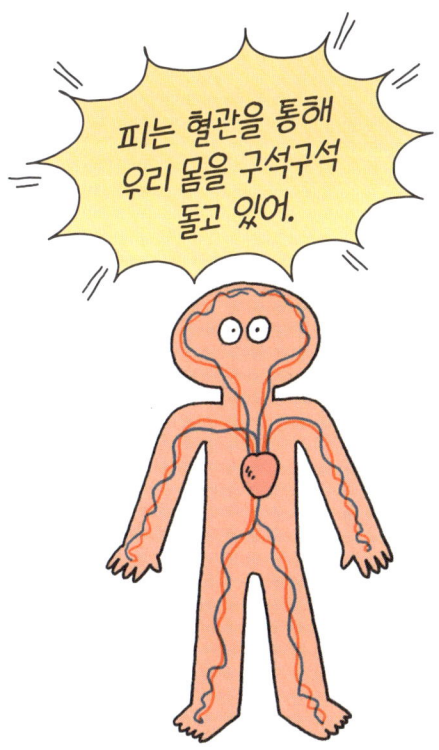

그리고
이렇게 생각하는 과학자들이
점점 늘어나게 돼.

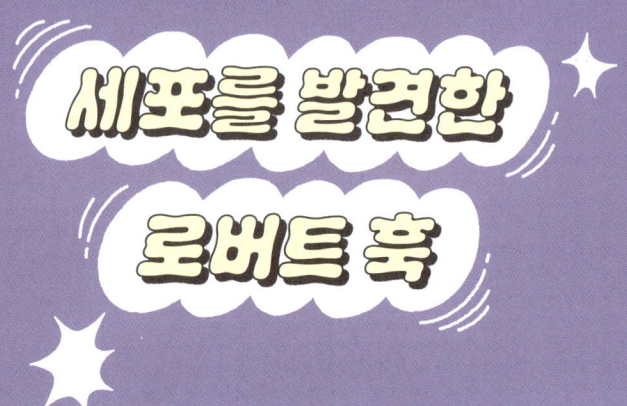

세포를 발견한 로버트 훅

1500년대가 끝날 무렵
과학의 역사에서
가장 놀라운 발명품 중 하나가 탄생해.
그건 바로

현미경은 장차
이 세상 누구도 본 적 없고 상상도 하지 못했던
놀라운 세계를 보여 주게 될 예정이지만
처음 발명되었을 때만 해도
망원경보다 훨씬 더
괴상한 물건 취급을 받았어.

현미경으로 보이는 것이
진짜가 아니라며

믿지 않는 학자들이 훨씬 더 많았어.
현미경을 언제 누가 맨 처음
만들었는지는 정확한 기록이 없지만
현미경의 놀라움을 과학자들과 보통 사람들에게 널리 알린
최초의 과학자가 있었으니

훅은 어린 시절 자주 아파서
학교에 다닐 수 없었어.
화가가 되려다 물감 냄새를 맡으면
두통이 너무 심해서 포기하고

아버지의 유산으로 받은 얼마 안 되는 돈을
수업료로 내고 대학생이 되었어.
훅은 기구를 만들고 실험하는 솜씨가 뛰어나서
학교를 졸업하고 유명한 과학자 보일의 조수가 되었어.

조수를 그만둔 뒤에도
보일과 훅은 평생 친구로 지냈어.

1663년,
훅이 왕립학회의 실험 간사로 일할 무렵
왕립학회에서 주문을 받아.

현미경을 들여다보고 매주 새로운 관찰 결과를 발표하시오.

그거야 껌이죠.

하지만 훅은 눈이 약해서
희미하고 조잡한 렌즈를 오랜 시간 들여다보며
무언가를 찾아낸다는 게
힘들고 고통스럽다는 걸 알게 돼.
꼼꼼하고 손재주가 뛰어난 훅은
성능이 더 뛰어난 현미경을 직접 만들기로 해.

재주가 많으면 고생이라니까.

뚝딱뚝딱

자기가 만든 현미경으로 들여다보았더니
조그만 점이 20~50배나 더 크게 보였어.

그리고 2년 뒤,
훅은 큼지막한 책을 펴냈는데

이 책은 금세 베스트셀러가 되었어.
책을 손에 들고 놓지를 못해 새벽 2시까지 읽고
극찬한 사람도 있었지만…

대부분의 사람들은
기괴하고 흉측한 그림에 깜짝 놀랐어.

사람들이 본 건 다름 아닌
벼룩의 해부도와 이의 몸체, 치즈에 붙은 진드기,
달팽이의 이빨, 파리의 겹눈, 벌의 침!

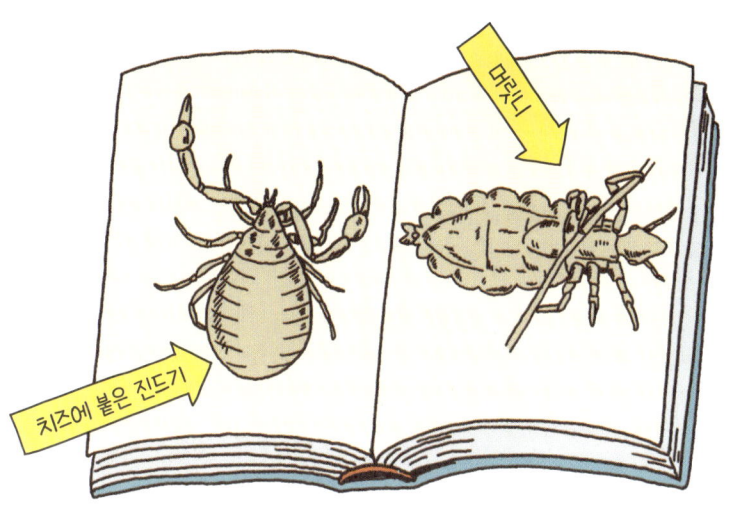

심지어 벼룩의 해부도는
책보다 큰 종이에 그려져 차곡차곡 접혀 있었는데
종이를 펼치면
무시무시한 벼룩이 눈앞에 나타나.
하지만 훅은 책에서
벼룩의 모습을 이렇게 묘사했어.

훅은 스스로 정성껏 그린 그림들에
애정이 듬뿍 담긴 글을 써.

사람들은 훅의 커다란 책을 통해
곤충의 몸을 처음으로 자세히 보게 되었어.
몹시 무시무시하고 기이했지만
그보다 더 놀라운 사실이 있었는데
바로 이거야.

마치 갈릴레오가 망원경으로
처음 달을 관찰하고
달에도 지구처럼 산과 골짜기가 있다고 말한 것처럼
충격적인 발견이었어.

《마이크로그라피아》의 그림 중에
훗날 가장 유명해진 그림이 있는데
훅은 얇게 베어 낸 코르크 조각들을
현미경으로 들여다보고

그것들을 '셀'이라 불렀어.

셀은 작은 방이라는 뜻인데
훗날 세포로 밝혀져.

훅은 셀을 발견한 다음 계산해 보았는데

어디까지나
훅이 계산한 숫자

뒤로 자빠질 만큼
놀라운 수가 나왔어.
하지만 훅은 그게 무엇인지 몰랐고

그 작은 방들이 무슨 일인가
할 수 있다고는 생각도 하지 못했어.
훅이 들여다본 것은
아무 일도 일어나지 않는
식물의 죽은 세포였거든.

훅이 세포를 발견하고
174년 뒤에
과학자들은 식물과 동물, 사람, 생물이라면 모두
세포로 이루어져 있다는 것을 알게 돼.
세포가 없으면 우리가 없어!

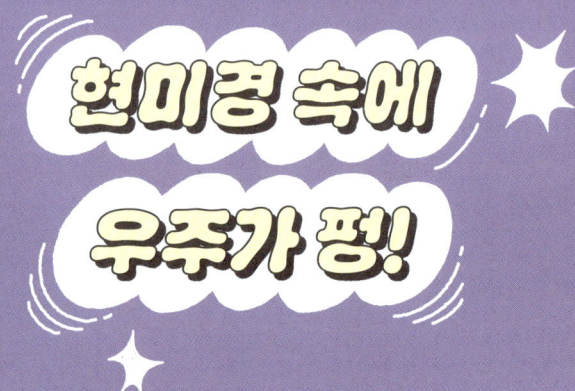

인간의 눈은 너무 큰 것도 볼 수 없고
너무 작은 것도 볼 수 없어.
우주는 너무 크고
미생물의 세계는 너무 작고.
그런데도 우리는
마치 그것이 눈에 보이는 듯 이야기하며 살고 있어.

그런데 눈에 보이지 않는 작은 생물들이
이 세상에 우리와 함께
살고 있다는 걸 어떻게 알게 되었을까?

그렇게 무덤덤하게 말한다면
400여 년 전
이 세상에 있다고는 상상도 하지 못한
작은 생물들의 세계를
맨 처음 발견한 사람의 마음이 되어 보아야 해.
사람들은
하늘에는 별과 행성들과 달이 있고

땅에는 식물과 동물이 있고

바다에는 물고기와 조개가 있으며

가장 작은 생물은
곤충이라 생각했는데

400년쯤 전에
가장 작은 이와 벼룩보다 1,000배 더 작고
심지어 1만 배나 더 작은 생물들이
이 세상에 득실득실
살고 있다는 걸 알게 되었어.

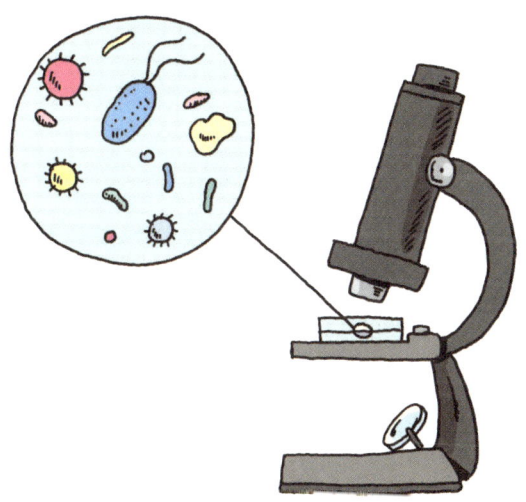

이제까지 누구도 상상하지 못했던
신기하고 어마어마한 '우주'가
어느 날 갑자기 **펑** 나타난 거야.

그 놀라운 사건은
네덜란드의 옷감상인 레이우엔훅이
로버트 훅의 《마이크로그라피아》를 읽고
감동을 받은 데서 시작되는데….

안토니 판 레이우엔훅
네덜란드의 직물 상인으로
훗날 '미생물학의 아버지'라
불리게 됨

다른 과학자들과 달리
레이우엔훅은 대학 문턱에도 가 보지 못했어.
레이우엔훅은 일찍이 상인이 되었는데

단추, 리본, 옷감 팔아요.

어느 날, 훅의 책에 나온
현미경을 보고

당장 실행에 옮겨.
옷감상인 레이우엔훅은 옷감을 꼼꼼히 검사하느라
렌즈를 많이 갈아 보았거든.
그 뒤로 레이우엔훅은 500개가 넘는 현미경을 만들었고
하나같이 성능이 뛰어났지만
제작법은 아무에게도 알려 주지 않았다는 말씀.

2009년, 그중 하나가
5억 원이 넘는 금액으로 팔렸어.

어느 날 레이우엔훅은
웅덩이에 고인 빗방울을 가져와

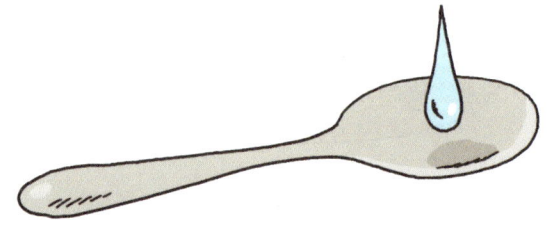

자신이 만든 현미경 위에 올리고
들여다보다가
세상을 깜짝 놀라게 할 발견을 하게 돼.

레이우엔훅은 그것들이 먼지가 아닌지
보고 또 들여다보았지만
살아 있는 게 분명해 보였어.
처음 보는 조그만 벌레들이

꼼질꼼질, 꿈틀꿈틀
움직이고 있었어!

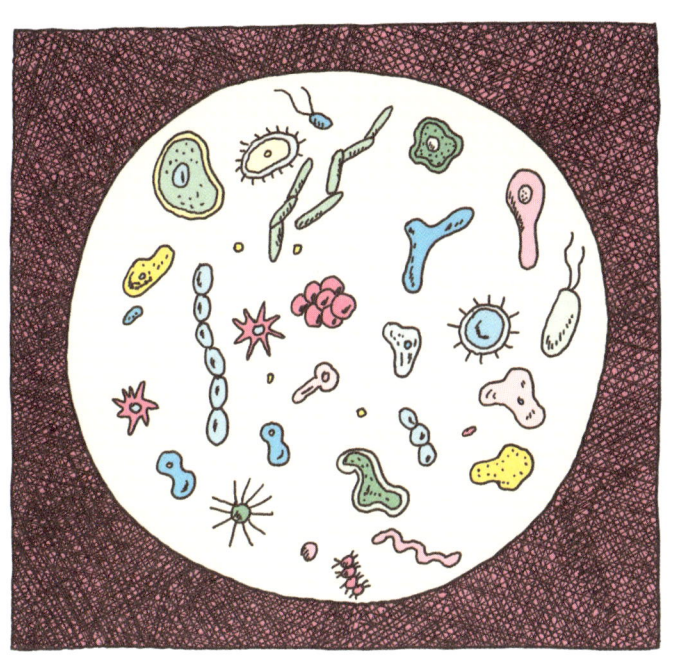

이제 옷감 파는 일은 뒷전.
레이우엔훅은
우물물, 연못, 강물, 침, 피, 콧물 들을 현미경 위에 올려.

나의 가장 큰 즐거움이자 기쁨은 물 한 방울 속에서 수천 마리 살아 있는 생명체를 관찰하는 것.

레이우엔훅은
자신이 관찰한 내용을 꼼꼼히 그리고 기록해
영국의 왕립학회로 편지를 보내.

과학자들은 처음엔 기분이 나빴고

다음엔 경악했어.
레이우엔훅의 기록이 어찌나 꼼꼼하고 치밀한지
이 세상에 눈에 보이지 않는
작고 기괴한 존재들이 있다는 걸
믿을 수밖에 없었으니까.

레이우엔훅이 더없이 작은 괴물을 발견했다는
소문이 퍼져서 수많은 사람들이

그 작은 짐승들을 보여 달라고 졸랐어.
지금은 그 작은 짐승들을 미생물이라 불러.
세균, 아메바, 짚신벌레, 미세한 곰팡이,
효모, 바닷속의 유공충 들 말이야.

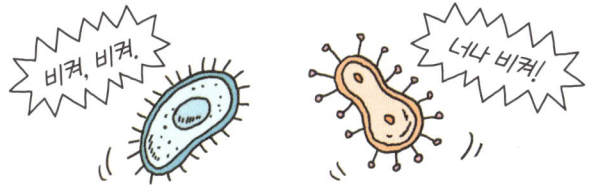

미생물은 우리 옆에 어디에나 살고 있어.
땅에도 공중에도 바다에도
풀과 나무, 동물의 피부와 몸속에도
그리고 물론

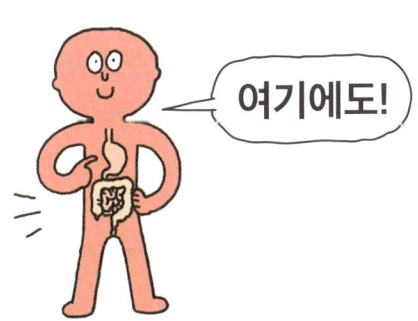

10

미미한 인간이 거대하고 오래된 지구를 탐구하다

먼 옛날
고대 그리스의 과학자 에라토스테네스가
막대기로 지구의 크기를 잰 뒤
1400여 년이 지났어.

하지만 그 뒤로
지구를 연구한 과학자는
별로 없었어.

그리하여
너무나 거대하고 무겁고 오래된
지구에 대한 과학은…

자연의 법칙을 발견하는 물리학이나
물질의 비밀을 캐는 화학보다
훨씬 늦게 발전하게 되었는데

심지어 지질학이라는 말조차
세상에 없었다는 말씀.
어쩌면 땅과 바위를 연구하는 것은
자기 발바닥을 연구하는 것만큼
이상한 생각이었는지도.

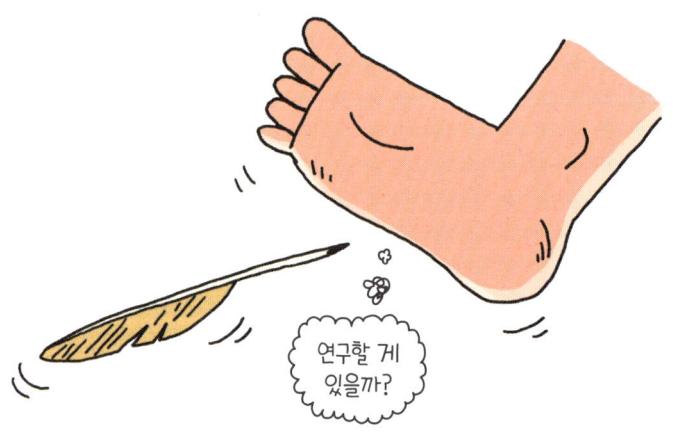

그렇지만 사람들이 보기에 딱 하나
이해할 수 없는 일이 있었는데

조개나 상어 이빨같이 생긴 돌들이
산 위에서 종종 발견되었다는 거야.

아무도 이유를 몰라 의견이 분분했어.

또 다른 학자들은 이렇게 생각했는데

누가 무슨 대답을 해도 이 문제는
여전히 수수께끼로 남아 있었고

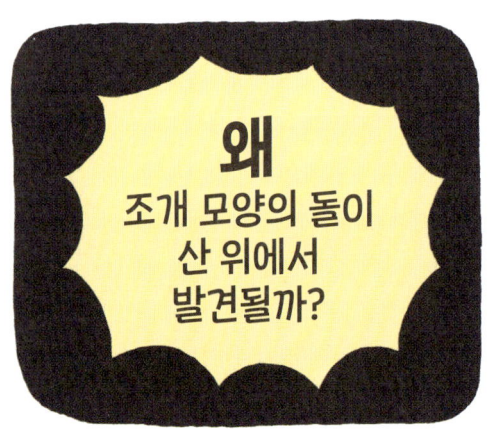

바로 이 간단한 질문 때문에
지질학이 시작되었다는 말씀.
때는 1600년대 중반
덴마크에 훗날 '지질학의 아버지'라 불리게 될
사람이 살고 있었어.

니콜라스 스테노
덴마크의 지질학자이자
해부학자이자 신학자

스테노는 뛰어난 해부학자였기 때문에
동물들의 몸속을 잘 알고 있었고

이런 모양의 돌들이
자연에서 저절로 자라거나
생겨날 수는 없다고 생각했어.

스테노는 이상한 모양의 돌들이
먼 옛날에 살았던
진짜 소개들의 흔적이라 추측해.
그렇다면 문제는 이것.

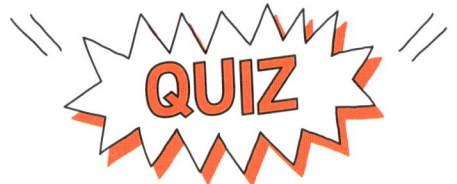

조개가 어떻게 돌로 변했을까?

그리고

왜 바닷속 동물들이
돌이 되어 발견되는가?

스테노는 탐정이 되어

들판을 지나고

산꼭대기에
올라가고

바닷가를
돌아다니며

조개가 단단한 돌 속에 들어 있는 이유를
추측해 보았는데

그렇다면
진흙이 어떻게 바위가 될까?

스테노는
바다 밑에서 흙이 단단한 바위가 되는
길고 긴 시간을 상상해.
지금껏 누구도
그렇게 오랜 시간 동안 느릿느릿
일어나는 일을 상상도 해 본 적이 없었어.

그렇다고 책상에 앉아서 이러쿵저러쿵
말만 하는 것도 스테노가 제일 싫어하는 일이야.
스테노는 자기 집에서 실험을 해.

커다란 유리그릇에
모래, 진흙 더미, 물을 붓고

기다려.
차츰차츰 무거운 것부터 아래로 가라앉아.

스테노는 계속 기다려.
물이 모두 증발할 때까지.

그리고 어느 날
마침내 스테노가 소리쳐.

스테노는 실험실에서 일어나는 일이
자연에서도 일어날 거라고 확신했어.

세계 곳곳의 바다 밑에서
지금도 그렇게 바위가 만들어지고 있어.

자갈, 모래, 진흙이
오랫동안 물속에 쌓여 눌리고 눌려.
단단한 바위로 변하면 퇴적암이 돼.

← 바닷속에서
차곡차곡~

퇴적암 위에 퇴적암이 쌓이고 또 쌓이면
지층이 되고.

퇴적암 위에
새로운 퇴적물이
쌓이기 때문에
아래에 있는 지층일수록
더 오래되었다!

스테노의 원리

당연하게 보인다고?
그런데도 그 전에는 아무도 이런 생각을 못했다는 거야.
사람들은 산이나 바닷가 절벽에서
시루떡 같은 암석층을 보았지만
멋진 풍경이라고만 생각했을 뿐

지층이 어떻게 생겨난 건지 알지 못했어.
그런데 스테노가 알아낸 거야.
스테노가 죽고 100년의 세월이 흘러
지층에 숨어 있는 또 다른 비밀이 드러나는데
그 일은 한 측량 기사로부터 시작되었어.

윌리엄 스미스
영국의 측량사이자
지질학자

윌리엄 스미스는 대장장이의 아들로 태어났는데
그림과 기하학을 좋아해서
커서 유능한 측량사가 되었어.

어느 날 스미스는
광부들을 따라 땅속 깊은 탄광으로 내려가.

코앞에서
처음으로 지층을 보게 된 거야.

광부들은 지층이 무엇인지 모르면서도
층층마다 이름을 붙여 부르고 있었어.

스미스는 지층에 푹 빠져 탄광을 들락날락.
지층을 관찰하고 매일매일 일기에 적었어.

스미스의 머릿속에 어떤 상상 하나가 떠올랐는데

그리하여 스미스에게
누구도 상상해 보지 못한 놀라운 꿈이 생겨나.

땅 밑의 지도를 그리다니!
그게 가능한 일일까?
곡괭이를 들고 온 나라의 땅을 일일이
파 볼 수도 없고.
다행히 스미스는 운하 회사에서 일하게 되었는데
운하 건설 현장을 따라다니며

돈 걱정 없이 지층을 연구할 수 있었어.

스미스가 어찌나 지층 연구에
몰두해 있었던지

별명으로 더 유명해졌어.
그토록 지층에 빠져 있었으니
지층에 관하여 아무도 몰랐던 사실을
깨닫게 되는 것도 시간 문제였어.

측량사 윌리엄 스미스는
자기도 모르게 위대한 지질학자로
변신하고 있는 참이야.

윌리엄 스미스가 말하길
어떤 지층에는 삼엽충 화석이 있고
어떤 지층에는 공룡 화석이 있는데

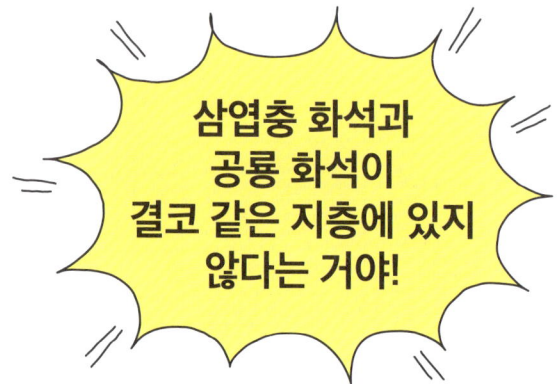

삼엽충 화석과
공룡 화석이
결코 같은 지층에 있지
않다는 거야!

지금 보면 당연한 이야기 같지만
이 통찰은 지질학의 역사에서 아주아주

중요한
발견이었어!

100년 전 스테노의 말에 따르면
더 아래에 있는 지층이 더 오래된 지층인데,
지층마다 다른 종류의 화석이 발견된다면?
그건 바로 이런 뜻!

과거로 가 보지 않고도
지구에 어떤 생물이 먼저 살았고
어떤 생물이 나중에 살았는지

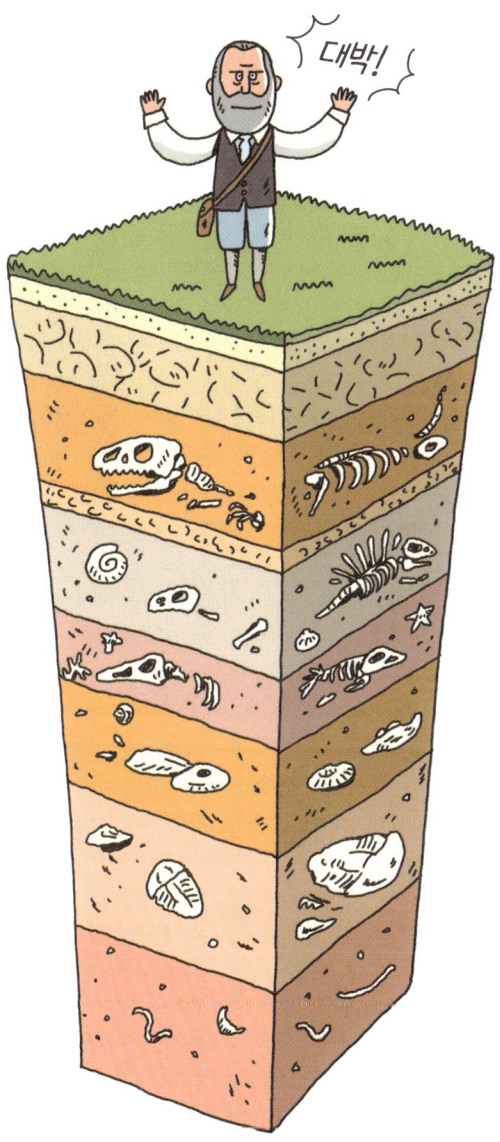

알 수 있다는 말씀이야!

훗날 지질학자들이
지층마다 이름을 지어 주며

지층마다 들어 있는 화석들을 분류하고
오래된 화석부터 순서를 매기게 돼.

지구의 무게를 재는 실험

1735년,
프랑스 왕립과학원에서 머나먼 남아메리카로
탐사대를 파견해.
임무는 지구의 허리둘레 재기.

지구의 둘레는 오래 전에
에라토스테네스가 알아냈는데
무슨 일일까?
뉴턴이 죽기 전에 추측하기를
지구가 완벽하게 동그랗지는 않다는 거야.

탐험대는
지구의 정확한 허리둘레를 알기 위해

정글을 헤치고

위험한 강을 건너고

노새들도 넘기 힘든
험한 산을 오르고

가도 가도 끝없는 황무지를 지난 끝에
지구 둘레의 $\frac{1}{360}$ 길이를 측정했어.
그리고
지구의 정확한 모양은
적도 지방이 살짝 기다란 타원 모양이라는 것을 알게 돼.

지구가 회전하고
있기 때문이야.
극지방보다 적도 둘레가
더 빠르게 회전해
적도 둘레가 살짝
부풀어 오른 거야!

지구의 모양은 어떻게든
둘레를 측량하고 그릴 수 있는데
그렇다면
지구의 무게는…

알 수 있기나 한 걸까?
그런데 지금부터 230여 년 전
영국의 어느 과학자가
지구의 무시무시한 무게를 알아내었으니
바로 바로 이 사람이야.

헨리 캐번디시
영국의 화학자이자
물리학자

1798년,
캐번디시는 왕립학회에서
깜짝 놀랄 발표를 해.

놀라운 건 캐번디시가
자기 집 실험실에서 한 발짝도 나가지 않고
지구의 무게를 재었다는 거야.

까다롭기로 상상을 초월하는 실험을 완수했을 때
캐번디시의 나이는 67세였어.

과학자들 대부분
더 이상 빛나는 성과를 내지 못하고 늙어 가는 나이에
캐번디시는 위대한 실험에 착수하여
완벽하게 해냈어.
캐번디시는 아주 특별한 과학자였는데

아이작 뉴턴이 괴팍하기로 유명하지만
뉴턴은 둘째일걸.

캐번디시는 지나치게 수줍음이 많았어.
사교 모임에는 절대 나가지 않았지만
과학자들의 모임에는 가끔 참석했는데

다른 과학자들이
캐번디시를 쳐다보거나 가까이 접근하는 건 금지!
캐번디시에게 말하고 싶으면…

우연인 것처럼 다가가서 허공에 이야기해야만 해.
그렇지 않았다간 도망치기 일쑤야.

캐번디시의 옷차림으로 말하자면
늘 똑같은 옷을 입고

해어져 못 입게 되어야 똑같은 옷을 한 벌 사는 거야.
식사 메뉴도 365일 언제나 똑같아.
양고기와 샐러드!

매일 똑같은 옷을 입고
똑같은 것을 먹고
깜깜한 밤에만 산책을 하는 캐번디시는
직업도 없고 결혼도 하지 않고
일평생 과학만 했어.

다행스럽게도 부유한 귀족 집안에서 태어난 덕분에
캐번디시는 관심 가는 주제를
마음껏 연구할 수 있었어.

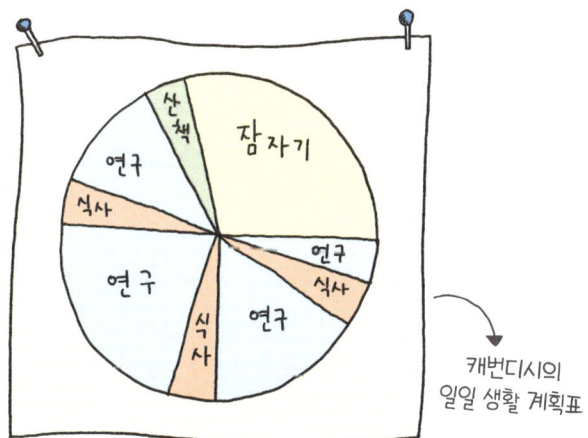

캐번디시의 일일 생활 계획표

캐번디시는 수많은 실험을 했지만
그중에서도 지구의 무게를 재는 실험은
너무 수고스럽고 특별해서
과학자들이 따로 '캐번디시의 실험'이라 불러.
지금도 대학교에서 캐번디시의 실험을 따라하고 있어.

지구의 무게를 재다니!
그런 실험이 도대체 어떻게 시작된 걸까?
어느 날 캐번디시의 머릿속에…

이런 생각이 떠올랐는데
그러다 보니
지구의 평균 밀도가 궁금해졌어.
캐번디시는 목사이자 지질학자인 동료 존 미첼이
지구의 내부 구조를 연구하고 있다는 소식을 들어.

존 미첼은 10년 동안 실험을 고안하고
지구의 무게를 잴 장치를 만들었지만
시작도 못하고 죽게 되고

캐번디시가 실험을 이어받아.

그런데 그건
과학이 시작된 이래
그 어떤 실험보다도 더 정밀한 실험이었어.
100년 뒤 영국의 물리학자 존 포인팅은
이렇게 비유했다니까.

저울에 5,000만 명이 올라가 있고
여기에 아이 하나를 더하여
무게를 재는데 아이가 신발 한 쪽을
떨어뜨렸는지 아닌지 알아내는
것만큼 어려운 실험!

하지만
지구의 무게를 재는 실험 기구는
아주 단순해.

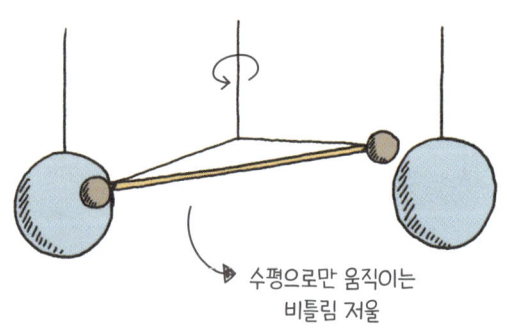

수평으로만 움직이는
비틀림 저울

작은 공들 가까이로
크고 무거운 공을 가져간다.

뉴턴의 만유인력에 따라
무거운 공과 작은 공이
서로 끌어당긴다.

작은 공이 미세하게 흔들리는
정도를 측정하여
인력을 알아낸다.

뉴턴의 만유인력 공식으로
지구의 무게를 계산한다.

실험은 간단해 보여.
그런데 왜 실험이 어려울까?
그건 공 사이의 인력이
말도 못하게 작다는 사실 때문이야.
공 무게의 $\frac{1}{5,000만}$도 안 된다는 말씀.
실험을 하는 동안

콧김을 뿜어도 안 되고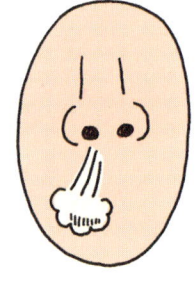

하품도 안 돼.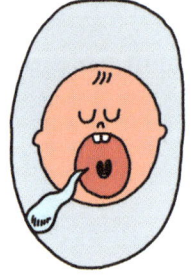

눈을 깜빡여도 안 돼.

아니,
실험실에 사람이 있으면 안 돼!
체온이 공기에 영향을 주기 때문이야.
불빛도 안 돼.

캐번디시는 실험 기구를 방에 두고
망원경에 등을 달고 밖에서 관찰해.
밖에서 무거운 공을 도르레로 조종해 움직이면서
작은 공의 미세한 흔들림을 측정하는 거야.
망원경에서 눈을 떼지 않고 지켜보기를

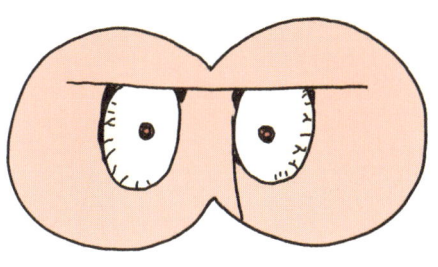

2시간째···

이런 실험을 17번이나 한 끝에
마침내 캐번디시는 계산을 끝냈어.

지구의 무게는
약 6,000,000,000,000,000,000,000,000kg!

캐번디시가 측량한 지구의 무게는
현대 과학자들이 더 정밀한 도구로 측량한 값과도
거의 차이가 나지 않을 정도야.
캐번디시는 79세까지 살았는데
죽음조차도 고요하기만 했어.
1810년, 잠깐 병을 앓은 뒤
집에서 조용히 숨을 거두었어.

캐번디시는 조금은 이상한 과학자였고
후대의 학자들은 캐번디시가 어쩌면
자폐의 일종인 아스퍼거 증후군을
앓았을지 모른다고 추측해.

꼭꼭 숨어 있던 전기를 '발견'하다!

여기는 프랑스의 베르사유 궁전.
와글와글 웅성웅성
궁전에 왕과 신하들이 모여 있어.

수도사이자 아마추어 과학자인 놀레가
기절초풍할 전기 실험을 하겠다고
공언했기 때문이야.

장 앙투안 놀레
프랑스의 신부이자
전기학자

놀레는 왕의 병사 180명을 불러
서로 손을 잡게 하고

동그라미 이쪽 끝 병사의 손에
유리병 하나를 들리고

반대쪽 끝 병사에게는
쇠공을 돌리게 했어.

그랬더니 위험천만한 일이 벌어졌는데
유리병에 따다닥 불꽃이 튀며
180명의 병사들이 순식간에 와르르

쓰러지지 않았겠어?

이 실험에 쓰인 유리병은 라이덴병이라 불렸는데
전기를 모으는 장치로
1700년대의 첨단 발명품이었어.

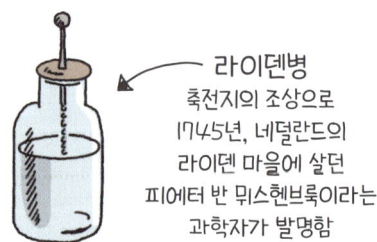

라이덴병
축전지의 조상으로
1745년, 네덜란드의
라이덴 마을에 살던
피에터 반 뮈스헨브룩이라는
과학자가 발명함

라이덴병이 어찌나 인기를 끌었던지
시골 마을을 돌며 짜릿한 실험을 보여 주는
떠돌이 실험단도 생겨났어.

전기는 과학자들이 발명한 것도 아니고
발전소에서 맨 처음 생겨난 것도 아니야.
전기는 우주가 시작될 때부터
세상 만물 속에 들어 있었어.
가끔 전기가 밖으로 튀어나오는 일이 있었지만

사람들은 그게 무엇인지 몰랐어.
전해 내려오는 이야기에 따르면,

고대 그리스의 탈레스가
호박을 문지르며 정전기 현상을
처음 발견했는데

먼 옛날
나무의 진이 굳어
돌이 된 것

사람들은 그저 재미있는 놀이로만 생각했어.
'전기'라는 것이 이 세상에 있는지 알지 못한 채로
시간이 흘러 흘러 1600년대가 돼.
영국의 과학자 윌리엄 길버트가
탈레스의 뒤를 이어 호박 현상을 연구했어.

윌리엄 길버트
1권에서 지구가 자석이라고
말한 바로 그 과학자

길버트는 호박뿐 아니라
유리 막대와 머리카락, 고양이를 문지를 때도

비슷한 일이 일어난다는 걸 알아내고
이 기이한 현상을 '전기'라고 불렀어.
그 뒤로 취미로 전기를 연구하는
아마추어 과학자들이 많이 생겨나
더 강력한 전기를 만들고 싶어 했어.

1663년,
독일의 시장이자 과학자인 오토 폰 게리케는
최초로 전기 발생기를 만들었어.

하지만 이런 전기들은
생겼다가 금방 사라져 버렸고
과학자들은

궁리하게 돼.
그러던 무렵 네덜란드 라이덴 마을의 과학자가
전기를 모아 두는 병을 발명했는데
그게 바로 라이덴병이야.
라이덴병이 유행할 무렵
미국에 벤자민 프랭클린이라는 사람이 살고 있었어.

벤자민 프랭클린
미국의 정치가, 외교관,
출판업자, 발명가,
작가, 과학자로
'시간은 돈이다'를 비롯해
수많은 명언을 남김

프랭클린은
가난한 비누 공장 집에서 태어나
제대로 학교를 다녀 본 적이 없지만
혼자서 공부해 사람들에게 존경받는
훌륭한 사람이 되었어.

사람들이 라이덴병으로 짜릿한 놀이를 즐길 때
프랭클린은 라이덴병에 무슨 일이 일어난 건지
곰곰이 생각했어.
꿈속에서도!

프랭클린은 라이덴병의 쇠공, 물, 유리병 표면에
전기가 생겼다고 생각했어.

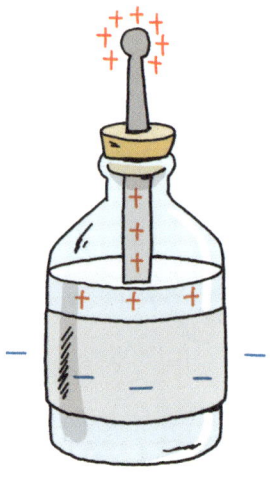

프랭클린은 전기 현상을 설명하려고
처음으로 양전하와 음전하라는 말을 사용했어.

놀라운 생각이야.
대단한 생각이고!

전기를 설명하는 프랭클린의 이론을
과학자들이 그대로 받아들였는데
훗날 전류의 정체인 전자가 발견되어 조금 수정돼.

지금은
전자가 많은 쪽을 음전하,
적은 쪽을 양전하라
부른다는 것이 달라.

프랭클린은 라이덴병에서 일어나는 일이
하늘의 번개에서도 일어난다고 생각했어.

번개도 전기야.
불꽃이 훨씬 크고
따다닥 소리가
훨씬 클 뿐!

프랭클린은 갈릴레오와 뉴턴의 책을 읽었고
번개가 전기라는 가설을
증명하려면 어떻게 해야 하는지 잘 알고 있었어.

그렇게 하여 그 유명한
프랭클린의 번개 실험이 탄생해.

프랭클린이 만든 건 커다란 연이었어!

1752년 6월 어느 비 오는 날,
프랭클린은 외딴 오두막에 도착해.

▶ 이 별난 실험을 보려고
몰려든 마을 사람들

프랭클린은 떨리는 마음으로 번개가 치기를 기다려.
드디어 우르릉 쾅!

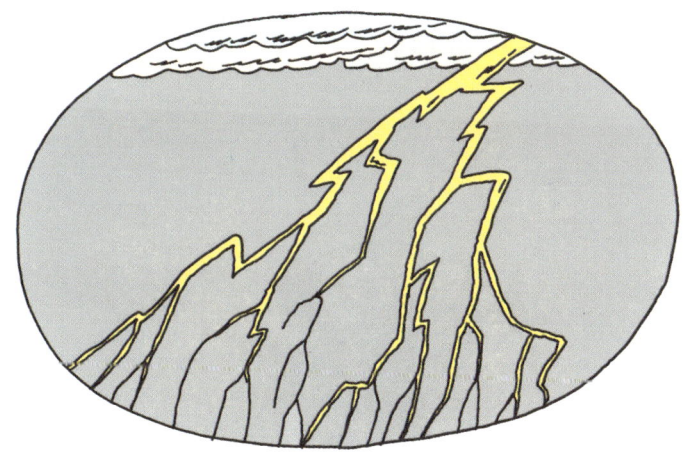

어떻게 되었을까?
잠시 뒤,

번개가 번쩍하더니
연줄 끝에 매달아 놓은 열쇠에 정말로
불꽃이 옮겨 붙었어!

하늘의 번개도 전기라는 게 증명되는 순간이야.
하지만 이건 정말로 위험천만한 실험이었는데
프랭클린의 실험을 따라한 어느 실험자는
감전되어 죽기도 했거든.

프랭클린은 무시무시한 번개가
전기라는 것을 밝혀냈고
세상 만물에 전기가 숨어 있다고 말했어.
보통 때 전기가 나타나지 않는 건

우리 주변의 물체는
양전하와 음전하의 양이 같기 때문이야.

하지만 물체를 마찰시키면
양전하와 음전하의 균형이 깨어지고
전하가 많은 쪽에서 적은 쪽으로 전기가 흘러.
이렇게 전기가 사람들 앞에 모습을 드러냈지만
전기로 무엇을 할 수 있을지는
아직 아무도 몰라.

벤자민 프랭클린은
언제나 새로운 것을 환영했는데
그 가치를 모르는 사람들에게 이렇게 대답했어.

이런 걸 도대체 어디에 씁니까?

갓난아기는 어디에 씁니까?

1783년, 파리에서 최초로 만들어진 수소 기구

전기도 마찬가지야.
지금은 말도 못하고 걷지도 못하는 갓난아기일 뿐이지만
과학자들의 품에서 무럭무럭 자라
세상을 완전히 바꾸는
깜짝 놀랄 일을 벌이게 돼.

3권에 계속

실험하고,
실험하고, 실험하고…
발명의 시대가
오고 있어!

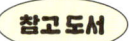

참고 도서

브라소프 트리포노프 지음, 편집부 옮김, 《재미있는 화학》, 전파과학사, 1996

빌 브라이슨 지음, 이덕환 옮김, 《거의 모든 것의 역사》, 까치, 2003

사이먼 윈체스터 지음, 임지원 옮김, 《세계를 바꾼 지도》, 사이언스북스, 2003

앨런 커틀러 지음, 전대호 옮김, 《산을 오른 조개껍질》, 해나무, 2004

올리버 색스 지음, 이은선 옮김, 《엉클 텅스텐》, 바다출판사, 2004

제이콥 브로노우스키 지음, 김은국·김현숙 옮김, 《인간 등정의 발자취》, 바다출판사, 2004

찰스 길리스피 지음, 이필렬 옮김, 《객관성의 칼날》, 새물결, 2005

로버트 P.크리즈 지음, 김명남 옮김, 《세상에서 가장 아름다운 실험 10가지》, 지호, 2006

에릭 뉴트 지음, 이민용 옮김, 《쉽고 재미있는 과학의 역사》, 이끌리오, 2007

조지 존슨 지음, 김정은 옮김, 《세상의 비밀을 밝힌 위대한 실험》, 에코의서재, 2009

존 헨리 지음, 노태복 옮김, 《서양과학 사상사》, 책과함께, 2013

레오나르드 믈로디노프 지음, 조현욱 옮김, 《호모 사피엔스와 과학적 사고의 역사》, 까치, 2017

아놀드 R. 브로디 외 지음, 김은영 옮김, 《인류사를 바꾼 위대한 과학》, 글담출판, 2018

피터 엣킨스 지음, 전병옥 옮김, 《화학이란 무엇인가》, 사이언스북스, 2019

홍성욱 지음, 《실험실의 진화》, 김영사, 2020

칼 세이건 지음, 홍승수 옮김, 《코스모스》, 사이언스북스, 2020

존 그리빈 지음, 권루시안 옮김, 《과학을 만든 사람들》, 진선북스, 2021

폴 휴이트 지음, 엄정인 외 옮김, 《수학 없는 물리》, 프로텍미디어, 2022

윌리엄 바이넘 지음, 고유경 옮김, 《과학의 역사》, 소소의책, 2023

브라이언 클레그 지음, 제효영 옮김, 《책을 쓰는 과학자들》, 을유문화사, 2025

과학사를 알면
과학이 재밌어!

과학의 발전과 함께 하나둘 호기심이 풀려 가는 과정,
그 역사를 살펴보는 **어린이 과학사**입니다.

❶ 과학자의 탄생 석기 시대-1599년

❷ 실험과 증명 1600년-1799년

❸ 발명의 시대 1800년-1879년

❹ 위대한 발견 1880년-1949년 (발간 예정)

❺ 미지의 세계 1950년-현재 (발간 예정)

김성화·권수진 지음 × 조승연 그림